8° V
43044

MINISTÈRE DE LA GUERRE

DIRECTION DE L'INFANTERIE

RÈGLEMENT PROVISOIRE

DE

MANŒUVRE D'INFANTERIE

DU 1ᵉʳ FÉVRIER 1920

ANNEXES

CHARLES-LAVAUZELLE & Cⁱᵉ

Éditeurs militaires

PARIS, Boulevard Saint-Germain, 124

LIMOGES, 21, Avenue Baudin | 52, Rue Stanislas, NANCY

1923

MINISTÈRE DE LA GUERRE

DIRECTION DE L'INFANTERIE

RÈGLEMENT PROVISOIRE

DE

MANŒUVRE D'INFANTERIE

DU 1er FÉVRIER 1920

ANNEXES

CHARLES-LAVAUZELLE & Cie
Éditeurs militaires
PARIS, Boulevard Saint-Germain, 124
LIMOGES, 62, Avenue Baudin | 53, Rue Stanislas, NANCY

1923

8° V
43044

TABLE DES MATIÈRES.

RECTIFICATIF.

1re PARTIE DU RÈGLEMENT.

Rapport au Ministre, page 15 (1). — *Au lieu de :* Règlement sur la pratique du tir dans les compagnies d'infanterie, *lire :* Instruction provisoire sur la pratique du tir.

Au lieu de : Règlement sur les unités de mitrailleuses d'infanterie, *lire :* Instruction provisoire pour les unités de mitrailleuses d'infanterie.

Règlement, page 33, N° 9. — *Au lieu de :* Toute alternance par jour et par semaine, *lire :* Toute alternance par jour ou par semaine.

Page 36, N° 35. — *Au lieu de :* Agents de liaison, *lire :* Agents de transmission.

Page 66, N° 56. — Définition de l'approche. — *Au lieu de :* à distance d'assaut, *lire :* à l'attaque.

Page 69, après le 3ᵉ alinéa, intercaler l'alinéa suivant :
Chaque section comprend trois *groupes de combat* dans la compagnie de fusiliers-voltigeurs, et deux *groupes de mitrailleuses* dans la compagnie de mitrailleuses. Les groupes sont numérotés en une série unique dans la compagnie.

Pages 69 et 71, Nᵒˢ 60 et 63, *passim.* — *Au lieu de :* Compagnies ordinaires, *lire :* Compagnies de fusiliers-voltigeurs.

Chapitre IX, page 69. — *Mettre* un renvoi au titre du chapitre et mettre au bas de la page la note suivante : —
« Ce chapitre est sujet à revision pour être maintenu en concordance avec la réglementation existante.
Cette réglementation est actuellement définie :
1° En ce qui concerne le temps de paix, par les Tableaux provisoires d'effectif théorique de paix;
2° En ce qui concerne le temps de guerre, par les Tableaux d'effectif de guerre.

Page 71, N° 63. — *Au lieu de :* dans un règlement particulier, *lire :* dans une instruction particulière.

Page 97, N° 133. — *Compléter* le premier alinéa par la phrase suivante : « Si la troupe est sur trois rangs, le troisième rang fait préalablement demi-tour. »

---

(1) Le numérotage des pages est celui de l'édition de l'Imprimerie Nationale. Voir également les errata qui ont été indiqués à la dernière page de cette édition.

Page 104, dernière ligne. — *Au lieu de* : le levier de tir et le levier de sûreté, *lire* : le levier de tir et de sûreté.

Page 106, renvoi (2). — *Supprimer les mots* : suffocante automatique.

Page 111, N° 170. — *Au lieu de* : Instruction sur l'organisation du terrain, *lire* : Instruction sur l'organisation, la conservation et la reprise du terrain à l'usage des troupes de toutes armes.

Page 130, N° 236, ligne 12. — *Supprimer le mot* : sa.

Page 141, N° 272. — *Au lieu de* : N° 209, *lire* : N° 208.

Page 142, N° 277, première ligne. — *Au lieu de* : Avant de la mettre en marche, *lire* : Avant de mettre la colonne en marche.

Page 155, N° 312. — Après le cinquième alinéa, *ajouter* : Cette distance est réduite à 3 pas lorsque la compagnie précédente est à moins de 20 pas.

Page 161, quatrième alinéa. — *Au lieu de* : Elle se range, sauf instructions contraires, dans l'ordre suivant : groupe de commandement.... personnel divers, *lire* : Elle se range, sauf instructions contraires, conformément aux indications de l'Annexe V.

2° PARTIE DU RÈGLEMENT.

Page 29, troisième alinéa. — *Supprimer* : suffocantes.

Page 37, deuxième ligne. — *Au lieu de* : fixe, *lire* : fixé.

Page 44, N° 86, deuxième alinéa. — *Après* : formation. *ajouter* : d'approche.

Page 45, troisième ligne. — *Après* : l'éluder, *ajouter* : toujours.

Page 140, N° 318. — *Au lieu de* : avancées, dernières, *lire* : avancés, derniers.

Page 148, N° 342. — *Supprimer* : suffocantes et.

Page 154, troisième ligne. — *Supprimer* : des chars éclaireurs et.

Page 173, première ligne. — *Après* : en réserve, *ajouter* : au provenant du repli des avant-postes.

FIGURES DE LA 1ʳᵉ PARTIE

LEGENDE :

⊖	Chef de bataillon.	F M Fusilier tireur.
⊖	Capitaine.	1 P Premier pourvoyeur.
⊖	Chef de section.	2 P Aide-pourvoyeur.
⊖	Chef de groupe.	G L Grenadier lanceur.
⊕	Chef d'équipe.	G V Grenadier voltigeur.
●	Serre-files.	V B Grenadier V. B.
		Groupe de commandement.

ÉCOLE DU SOLDAT.

MOUVEMENTS AVEC L'ARME.

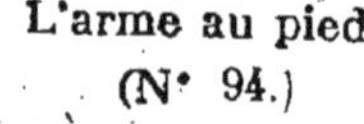

L'arme au pied.
(N° 94.)

Présenter l'arme.
(N° 96.)

L'arme sur l'épaule droite.

(N° 98.)

Salut.
(N° 75.)

L'arme à la bretelle.
(N° 102.)

FORMATIONS ÉLÉMENTAIRES EN LIGNE.

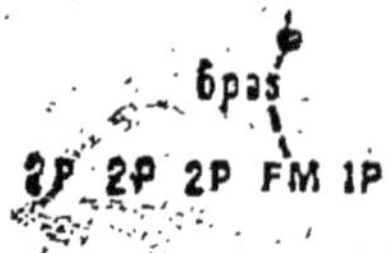

Equipe de fusiliers en ligne
sur un rang.
(N°° 185 et 191).

Equipe de voltigeurs en ligne
sur un rang.
(N°° 185 et 191).

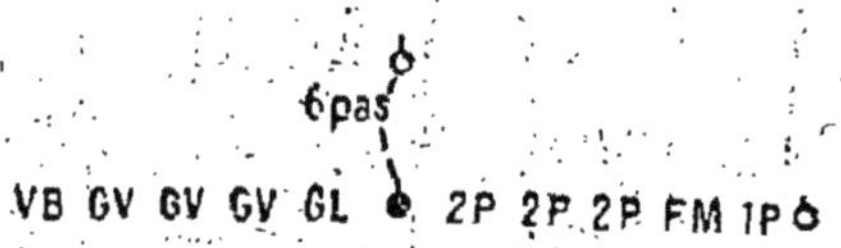

Groupe en ligne sur un rang.
(N° 185).

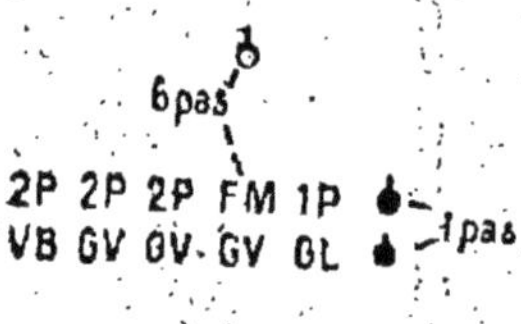

Groupe en ligne sur deux rangs.
(N° 186).

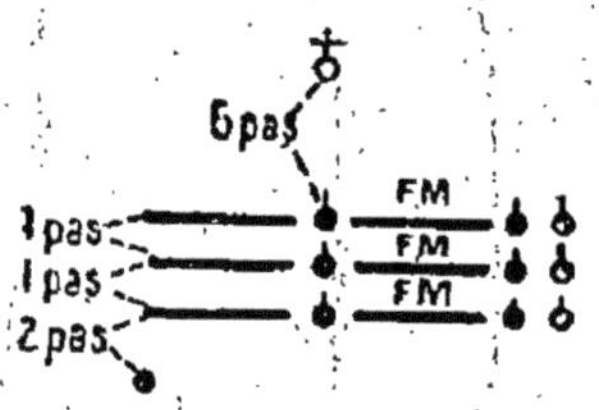

Section en ligne sur trois rangs.
(N° 258).

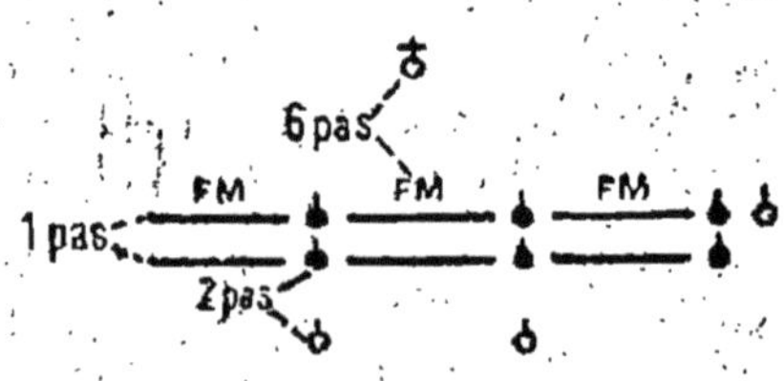

Section en ligne sur deux rangs.
(N° 259).

FORMATIONS ÉLÉMENTAIRES EN COLONNE.

(Formations précédentes ayant fait un « à droite ».)

Équipe de fusiliers
en colonne par un.

Équipe de voltigeurs
en colonne par un.

Groupe en colonne par un.
(N° 187).

Groupe en colonne par deux.
(N° 188).

Section en colonne par trois.
(N° 263).

Section en colonne par deux.
(N° 263).

DÉPLOIEMENTS DU GROUPE ET DE LA SECTION.

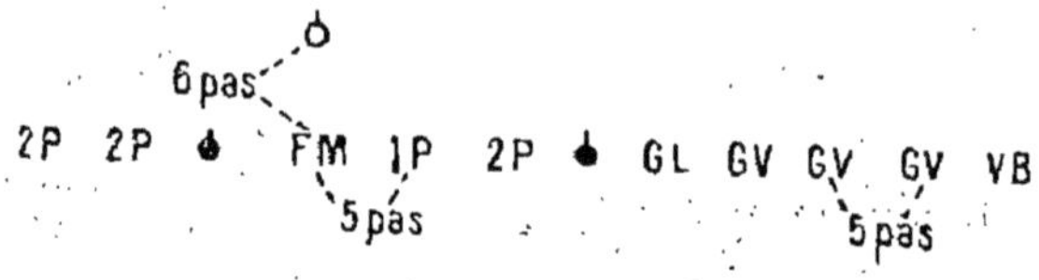

Déploiement normal d'un groupe en tirailleurs
sur un échelon.
(N° 236).

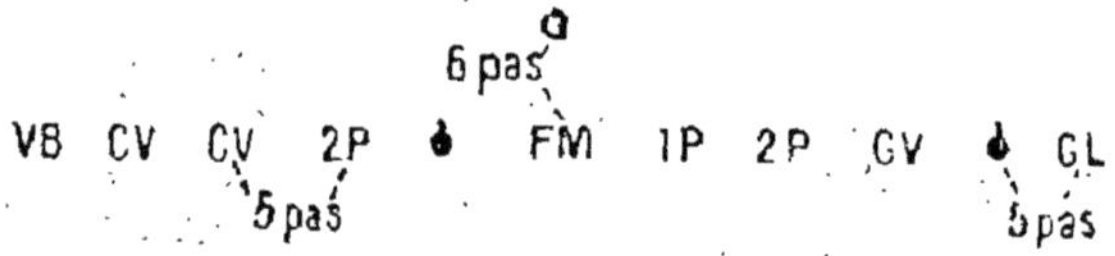

Autre déploiement du groupe.
(N° 238).

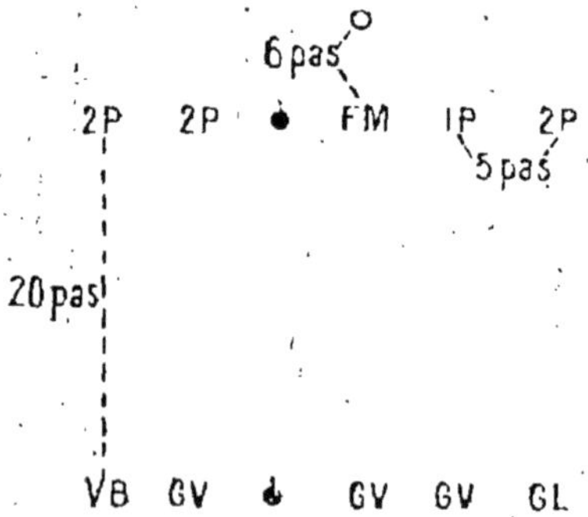

Déploiement normal d'un groupe en tirailleurs
sur deux échelons.
(N° 241).

DÉPLOIEMENTS DU GROUPE ET DE LA SECTION.

(Suite.)

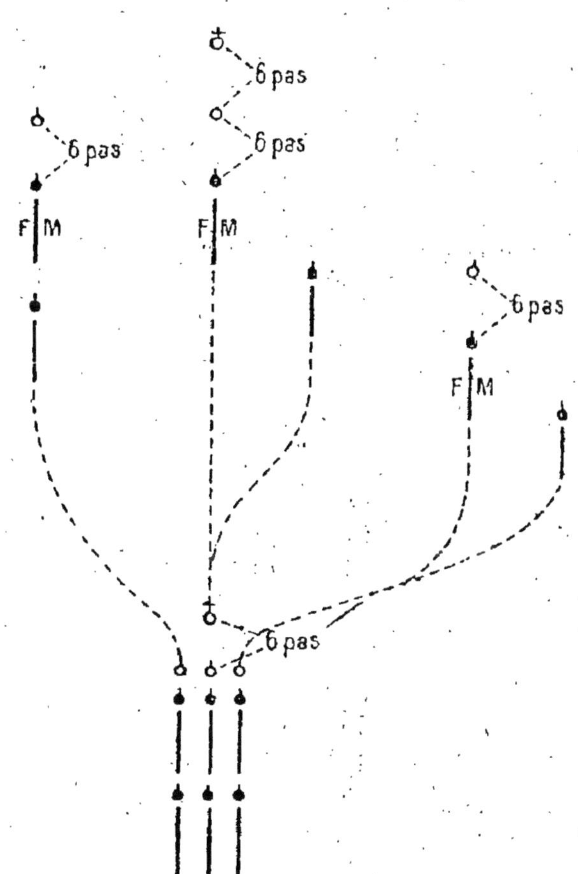

Exemple de déploiement d'une section par groupes
et par équipes (au début de l'approche).
(N°° 224 et 293).

FORMATIONS NORMALES DE LA COMPAGNIE.

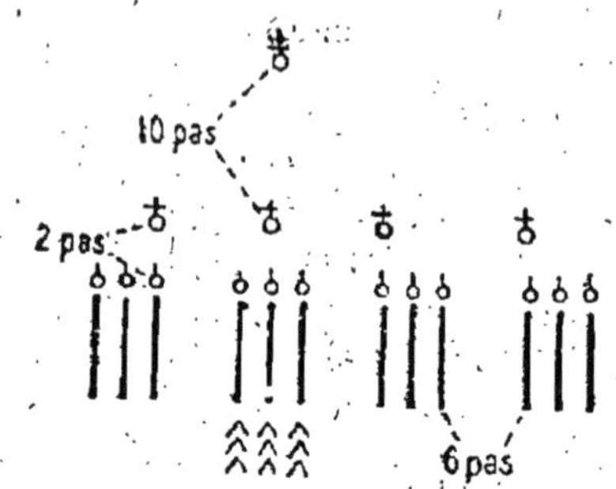

Compagnie en ligne de section par trois.
(N° 296.)

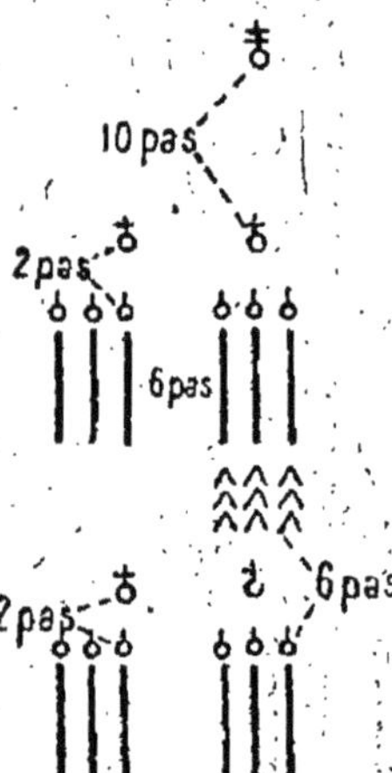

Compagnie en colonne double.
(N° 297).

Compagnie en ligne sur trois rangs.
(Formation de revue ne comportant pas de groupe
de commandement.)
(N° 298).

FORMATIONS NORMALES DE LA COMPAGNIE.
(Suite.)

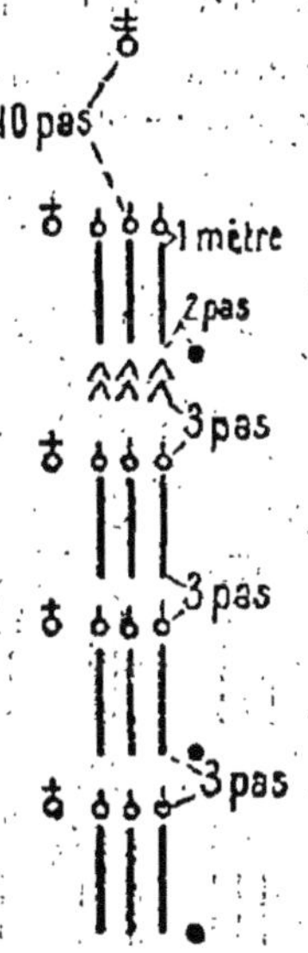

Compagnie en colonne par trois.
(N° 299.)

Colonne de route.
(N° 300.)

FORMATIONS NORMALES DU BATAILLON.

(Pour la colonne par trois et la ligne,
voir les formations correspondantes de la compagnie.)

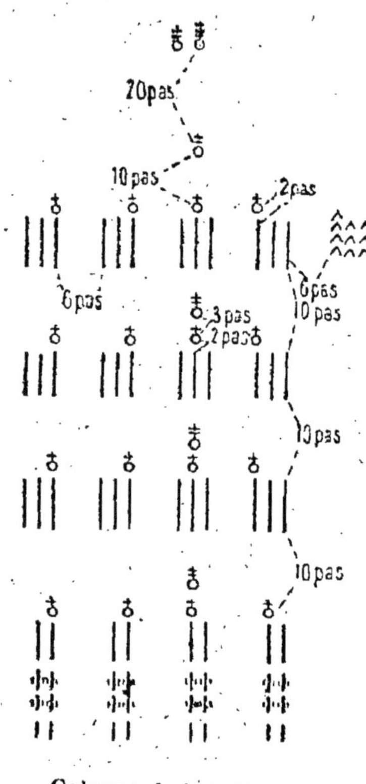

Colonne de bataillon.
(N° 313.)

FORMATIONS NORMALES DU BATAILLON.

(Suite.)

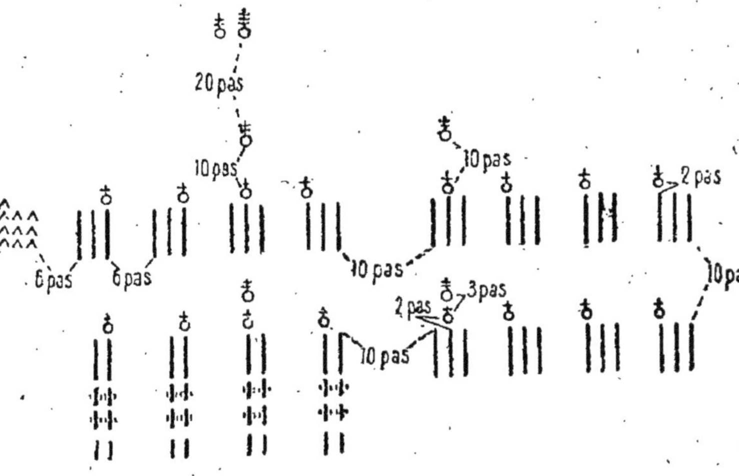

Colonne double.
(N° 315.)

Ligne de colonne.
(N° 316.)

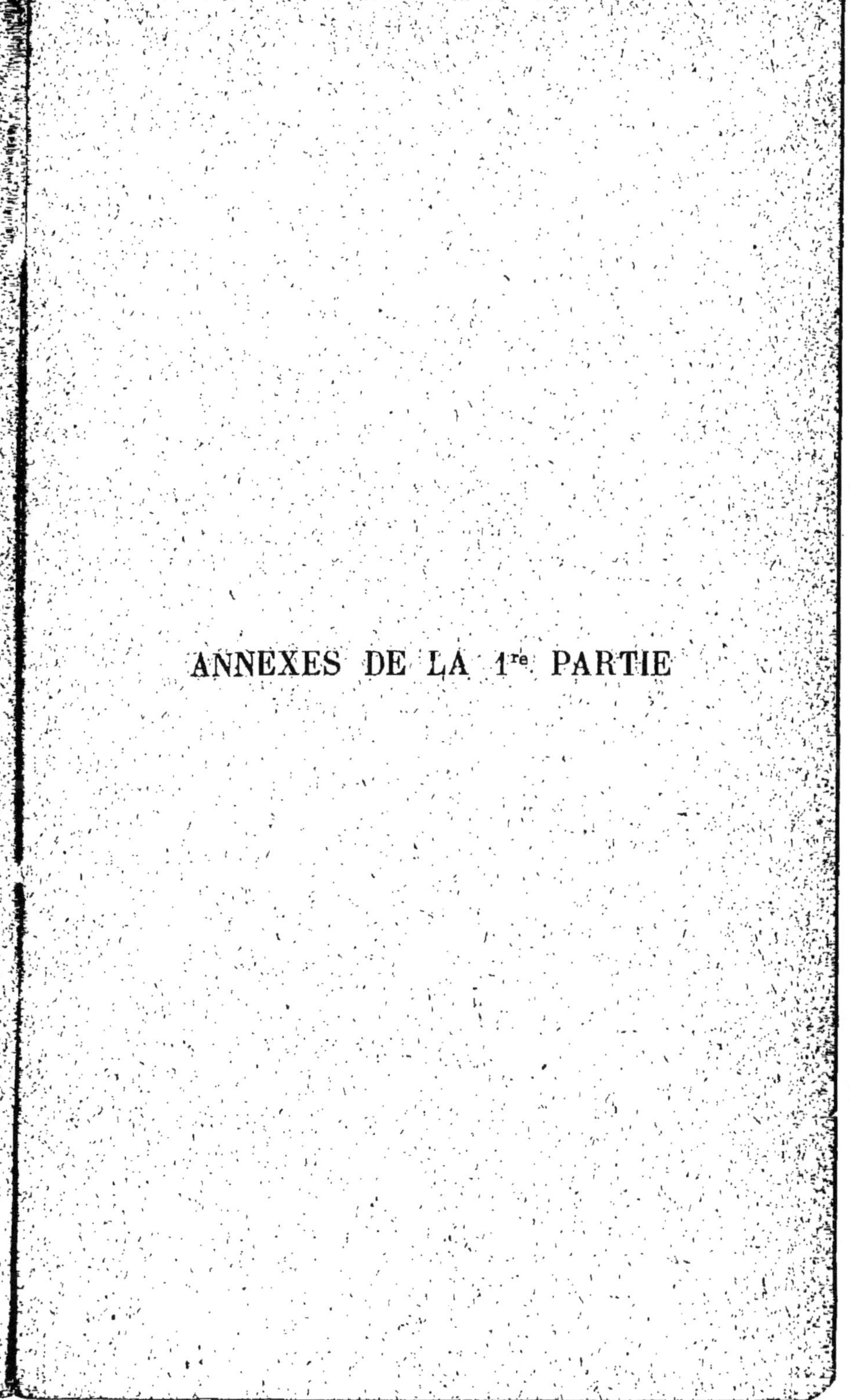

ANNEXES DE LA 1ʳᵉ PARTIE

ANNEXE I.

HONNEURS AU DRAPEAU.

330. La garde du drapeau est composée d'un sergent et de quatre soldats de 1re classe désignés à l'avance dans chaque bataillon et dans la compagnie hors rang.

Lorsque le drapeau doit sortir, une compagnie du régiment est commandée pour aller le chercher. Cette compagnie, précédée des sapeurs, du tambour-major, des tambours et clairons du bataillon et de la musique, se rend en colonne par trois au logement du colonel, sans bruit de caisse ni de musique. Elle est accompagnée par la garde du drapeau du bataillon auquel appartient la compagnie.

Le porte-drapeau se rend directement au logement du commandant du régiment.

Arrivé devant ce logement, le détachement est arrêté en ligne sur trois rangs, face à la porte d'entrée. Le capitaine fait mettre baïonnette au canon. La garde sort des rangs et se place face à la compagnie. Le porte-drapeau, accompagné du sergent de la garde, va prendre le drapeau.

Dès que le drapeau paraît, le capitaine, placé devant le centre de la compagnie, face au drapeau, fait présenter les armes, commande Au Drapeau et salue du sabre.

Les tambours et clairons battent et sonnent trois reprises; la musique joue le refrain de l'hymne national.

Le capitaine conserve le sabre abaissé jusqu'à ce que les tambours et clairons aient cessé de battre et de sonner et la musique de jouer.

Le capitaine fait mettre l'arme sur l'épaule; le drapeau et sa garde se placent en tête du détachement, à six pas derrière la musique.

Le détachement est mis en marche en colonne par trois au son de la musique et se rend au lieu de rassemblement. Il est arrêté en ligne sur trois rangs face au centre du régiment et à environ 50 pas. Les tambours, clairons et musique cessent de jouer.

Le colonel fait mettre baïonnette au canon.

Le drapeau et sa garde se portent à dix pas en avant du centre de la compagnie d'honneur.

Le colonel fait présenter les armes. Tous les regards se fixent sur le drapeau.

Le colonel se porte à dix pas du drapeau, commande Au Drapeau et salue du sabre.

Les tambours et clairons battent et sonnent trois reprises; la musique joue le refrain de l'hymne national.

Le colonel conserve le sabre abaissé jusqu'à ce que la musique ait cessé de jouer. Il fait ensuite reposer les armes et remettre la baïonnette.

Le drapeau, accompagné de sa garde, et les divers éléments du détachement d'honneur vont prendre leurs places respectives (n° 328 de la 1re partie).

331. Lorsque le drapeau est reconduit au logement du colonel, il reçoit les mêmes honneurs qu'à son arrivée. Le détachement rentre ensuite au quartier sans bruit de caisse ni de musique.

332. En garnison, la compagnie d'honneur est commandée à tour de rôle dans le régiment.

Aux manœuvres et en campagne, la compagnie d'honneur est celle qui est cantonnée le plus près du logement du colonel. Dans ce cas, une garde provisoire, de même composition que la garde habituelle, est fournie par cette compagnie.

PORT ET SALUT DU DRAPEAU.

333. Dans le rang, le porte-drapeau, soit de pied ferme, soit en marchant, porte le drapeau, le talon à la hanche droite, le coude en arrière, la hampe légèrement inclinée en avant.

Lorsque le drapeau doit rendre les honneurs au Président de la République, le porte-drapeau salue de la manière suivante :

A dix pas du Président, élever la main droite le long de la hampe jusqu'à la hauteur de l'œil, baisser le drapeau en allongeant le bras de toute sa longueur, sans que le talon de la hampe quitte la hanche; relever le drapeau lorsque le Président a été dépassé de six pas.

ANNEXE II.

REVUES ET DÉFILÉS.

DISPOSITIONS GÉNÉRALES.

334. Le chef qui organise une revue fait connaître par un ordre :

— La tenue des troupes (tenue de campagne complète ou allégée);

— la disposition des troupes pour la revue; la formation à prendre par les bataillons;

— les mouvements à exécuter par les troupes pour se masser avant le défilé;

— les détails d'exécution du défilé, du rassemblement des troupes après le défilé ou de leur dislocation;

— le jalonnement qui sera établi par les soins de l'état-major du commandement pour le placement des troupes et pour le défilé.

Si, exceptionnellement, les dimensions du terrain ou d'autres circonstances nécessitent des modifications aux prescriptions, aux formations et aux mouvements réglementaires, elles sont indiquées dans l'ordre relatif à la revue.

Les dispositions prises doivent tendre à ce que les évolutions nécessaires pour passer de la formation de revue à la formation de défilé soient simples et rapides.

335. Les bataillons sont formés pour la revue : en ligne (n° 317), en ligne de colonnes (n° 316) ou en colonne double.

La colonne double peut être présentée telle qu'elle est décrite au n° 315 (fig. 1), ou mieux dans cette formation ayant fait à droite (gauche) (fig. 2). Cette disposition facilite le placement des troupes et leur mise en place pour le défilé, lorsque le matériel amené n'est pas trop nombreux.

Dans ces diverses formations, les sections sont, à défaut d'indications contraires, en ligne sur trois rangs à l'inter-

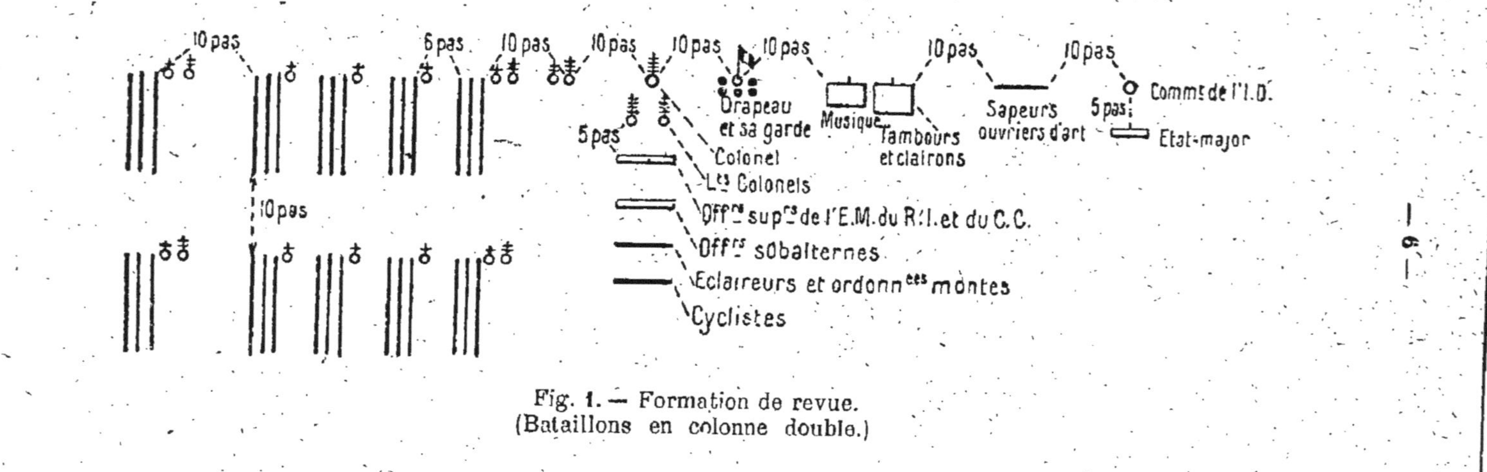

Fig. 1. — Formation de revue.
(Bataillons en colonne double.)

valle normal ou en colonne par trois (n°° 258 et 263 de la
1™ partie).

Le front des troupes devant toujours être dégagé, les officiers qui se tiennent normalement en avant du front se pla-

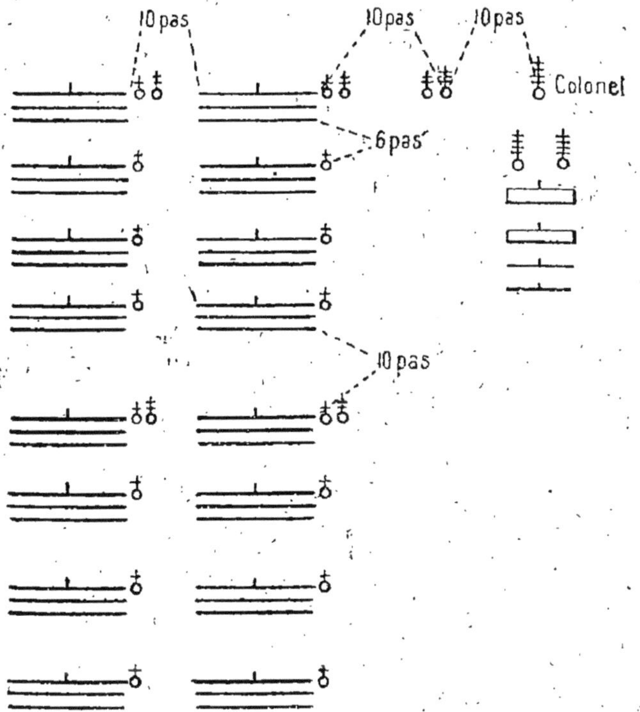

Fig. 2. — Autre formation de revue.
(Bataillons en colonne double ayant fait à droite ou à gauche.)

cent à la droite de leur unité sur l'alignement du premier
rang. La tête des chevaux des officiers montés ne doit pas
dépasser cet alignement.

L'infanterie défile toujours en colonne ou en ligne de colonnes.

La cadence est celle de 120 pas à la minute (n° 79) lorsque
la troupe est en tenue de campagne complète; elle peut être
portée à 128 pas lorsque la tenue est allégée.

Durant les revues et défilés, les mouvements de maniement d'armes sont toujours exécutés par bataillon. Les autres mouvements sont également exécutés, chaque fois que

cela est possible, par bataillon, chaque bataillon manœuvrant en bloc à la voix de son chef (n° 322 de la 1ᵉ partie).

Les hommes de troupe qui, en raison de leur armement spécial, ont le bras droit libre, ne saluent pas au cours d'une revue ou d'un défilé.

Les officiers qui n'ont pas le sabre à la main saluent si, en leur présence, il est rendu les honneurs au drapeau. Dans ce cas, ils saluent tous ensemble au commandement AU DRAPEAU et remettent la main dans le rang aux dernières notes de la musique. Ils saluent également lorsqu'il est joué la *Marseillaise* ou le refrain de cet hymne.

MISE EN PLACE POUR LA REVUE.

336. Chaque corps fait reconnaître d'avance les accès du terrain de la revue et disposer, s'il y a lieu, des jalonneurs pour faciliter son placement et ses mouvements particuliers. Les unités quittent leurs quartiers en colonne par trois, dans l'ordre qui facilitera le mieux leur mise en place.

337. Dans les cas exceptionnels où il est prescrit pour la revue des formations par rang de taille sur deux rangs, avec l'armement uniforme et l'intervalle coude à coude (n°ˢ 261, 298 et 317 de la 1ᵉ partie), il y a lieu de prévoir que les unités auront à passer de la colonne de route à la formation en ligne prescrite, puis à revenir à une formation en colonne par trois avant le défilé. Ce passage de la colonne par trois à la ligne sur deux rangs et le mouvement inverse se font dans chaque section en rompant les rangs et en rassemblant dans la formation à obtenir. Ces mouvements s'exécutent de préférence, le premier un peu avant d'arriver sur le terrain de la revue, le second sur l'emplacement où les troupes se massent avant le défilé.

338. Les groupes de commandement ne sont jamais constitués pour les revues et défilés.

339. Dans certains cas, il peut y avoir intérêt à grouper les compagnies de mitrailleuses et les engins d'accompagnement à la gauche du régiment ou de l'infanterie de la division au lieu de les laisser à leur place constitutive.

340. La compagnie hors rang, formée selon les indications données à l'annexe V, est placée à la droite ou à la gauche du régiment et manœuvre pour son compte comme un bataillon.

341. La figure 1 indique les places du drapeau, des offi-ciers, des tambours et clairons et de la musique.

Les médecins marchent avec l'état-major du régiment ou à la gauche du bataillon auquel ils sont affectés.

Les officiers n'ayant aucun commandement ou emploi dans les troupes ou états-majors présentés se rangent pendant la revue à la droite des troupes. Ils conservent le sabre au fourreau et gardent l'immobilité, sans saluer, au passage du chef. Avant le défilé, ils se rendent à un emplacement qui leur est fixé de manière à ne pas gêner le défilé. Le plus ancien les groupe sur un ou plusieurs rangs, en tenant compte de l'ordre de bataille et des grades.

PRÉSENTATION DES TROUPES.

342. Dès que le chef qui passe la revue arrive sur le ter-rain, le commandant des troupes qui, au préalable, a fait mettre baïonnette au canon, fait battre et sonner GARDE A VOUS et commande : PRÉSENTEZ VOS ARMES.

L'exécution a lieu par bataillon.

Le commandant des troupes se porte ensuite vivement, et seul, à la rencontre de la personne à laquelle on rend les honneurs, la salue de l'épée ou du sabre lorsqu'il arrive à dix pas d'elle, puis se range à sa gauche et un peu en arrière, à portée de recevoir ses ordres. Il lui cède le côté des troupes pendant la revue.

Pendant ce temps, les tambours, les clairons et les musi-ques se conforment aux prescriptions du *Service de place* (art. 123). La *Marseillaise* est jouée, le cas échéant, après l'exécution des batteries et sonneries, et sans reprise du re-frain. Elle est écoutée de pied ferme et dans la position du salut par le chef qui passe la revue, ainsi que par les offi-ciers qui n'ont pas le sabre à la main.

Dès que le chef se dirige vers la droite des troupes, les chefs de bataillon, sauf celui du bataillon de droite, font reposer les armes. Chaque chef de bataillon fait présenter les armes lorsque le chef s'approche du bataillon et les fait re-poser lorsqu'il l'a dépassé.

Si plusieurs corps pourvus de musique sont présents à la revue, les musiques jouent la *Marseillaise* simultanément à l'arriver du chef sur le terrain (si le rang ou le grade de celui-ci le comporte). Elles exécutent ensuite successivement des morceaux de leur répertoire ayant une allure militaire, en commençant à jouer lorsque le chef est sur le point d'arriver à leur hauteur et en cessant lorsque se termine la revue du corps auquel elles appartiennent.

Les officiers et hommes de troupe fixent le chef du regard au moment où il arrive devant eux. Les drapeaux, ainsi que les officiers qui ont le sabre à la main, saluent dans les conditions fixées par le *Règlement sur le service de place*.

L'état-major du chef qui passe la revue le suit, à dix pas. L'escorte, s'il y a lieu, suit l'état-major à dix pas.

L'officier qui présente les troupes est suivi d'un officier au plus. Celui-ci marche à la hauteur de l'état-major précité.

DÉFILÉS.

343. La figure 3 fait connaître les places du drapeau, des officiers, des tambours et clairons et de la musique.

La direction est prise du côté de la personne devant laquelle on défile. La colonne de droite (gauche) de chacun des éléments successifs est placée avec soin sur la ligne jalonnée. Les chefs de section sont devant leur section, du côté de la direction. Les officiers et les petits éléments dont la place est en avant des troupes (sapeurs, cyclistes, etc.) se tiennent en dehors de la ligne jalonnée de manière à se trouver devant le centre du dispositif (fig. 3).

Au cours du défilé, par exception aux principes de la marche en ligne de colonnes, les sections se règlent sur la marche de la section de droite (gauche) et non sur celle de la section qui se trouve derrière le capitaine.

Les distances prises au départ par les divers éléments doivent toujours être suffisantes pour éviter les à-coups. Il est bon de prévoir que les hommes ont tendance à accélérer l'allure en se rapprochant de la musique et à la diminuer après l'avoir dépassée.

Les troupes défilent l'arme sur l'épaule droite, les officiers à pied et les sous-officiers au repos du sabre, les officiers à cheval au port du sabre (Annexe III).

344. Le commandant des troupes fait mettre l'arme sur l'épaule au bataillon de tête ou à tous les bataillons, selon le cas, puis il commande :

Pour défiler,

En avant,

Direction à droite (à gauche)

MARCHE.

A ce commandement, les bataillons sont mis en marche simultanément ou successivement, suivant que les formations préparatoires au défilé ont été prises ou non avec les distances à observer. La même règle s'applique aux compagnies lorsque le défilé se fait en colonne de bataillon.

Les tambours et clairons battent et sonnent dès le départ.

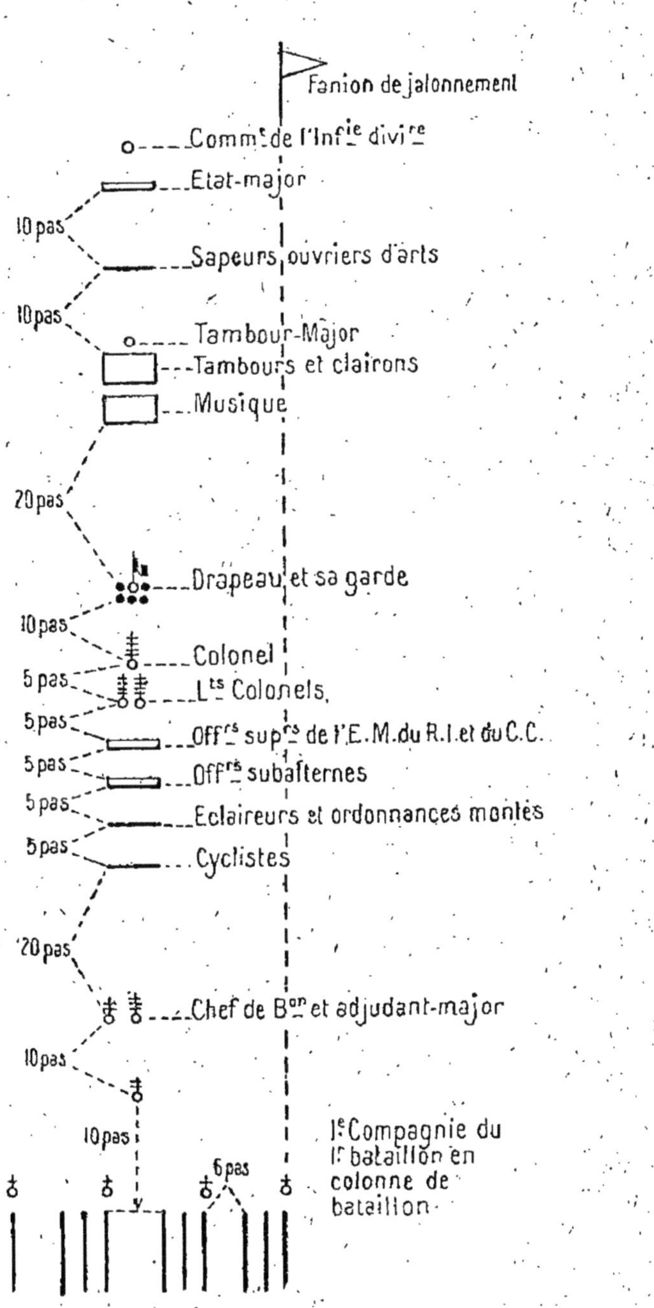

Fig. 3. — Défilé du régiment.

La musique commence à jouer à environ 50 pas de la personne devant laquelle on défile.

Lorsque celle-ci a été dépassée de 30 pas environ, le tambour-major fait déboîter de la colonne les tambours et clairons ainsi que la musique, du côté opposé à la direction. Il les conduit par des changements de direction successifs et les arrête face au flanc de la colonne, à 20 pas au moins en dehors, la musique accolée au groupe des tambours et clairons.

Si la même musique ne doit pas faire défiler toutes les troupes, elle est relevée par une autre musique ou alterne avec elle dans les conditions fixées par l'ordre relatif à la revue.

Le commandant des troupes, après avoir défilé en saluant du sabre, va à vive allure, suivi d'un officier au plus, se placer en face de la personne à laquelle on rend les honneurs, dégageant d'environ 20 pas le flanc de la colonne.

Les officiers qui ont à saluer du sabre, aux termes du *Règlement sur le service de place*, exécutent le salut en arrivant à six pas du chef. Dans chaque rang, ils se règlent sur celui d'entre eux qui est du côté de la direction. Ceux qui marchent à pied au repos du sabre se mettent au port du sabre une vingtaine de pas auparavant.

Les commandants de compagnie commandent à mi-voix à leur unité TÊTE A DROITE (GAUCHE), de manière que le mouvement soit exécuté six pas avant d'arriver devant la personne qui reçoit les honneurs. Tout le monde tourne franchement la tête du côté indiqué, et fixe les yeux sur le chef. Quand il a été dépassé de quelques pas, la position normale de la tête est reprise au commandement FIXE.

Ce mouvement se fait par section si la compagnie défile en colonne par trois.

Le défilé terminé, le commandant des troupes se porte vivement vers la personne à laquelle on rend les honneurs, la salue du sabre et se tient prêt à recevoir ses ordres.

RASSEMBLEMENT APRÈS LE DÉFILÉ
ET DISLOCATION.

345. Le plus souvent, les troupes qui viennent de défiler vont se masser à l'extrémité ou en dehors du terrain sur le parcours que doit suivre, pour se retirer, le chef qui a passé la revue. Elles lui rendent une dernière fois les honneurs à son passage, sans bruit de caisse ni de musique.

Si le terrain ne se prête pas à cette dernière partie de la cérémonie, les troupes se disloquent à la diligence de leurs chefs de corps respectifs, immédiatement après le défilé et sans stationner sur les routes de dégagement.

REMISE DE DÉCORATIONS.

346. A l'appel du commandant des troupes, les récipiendaires viennent se placer sur un rang, devant le centre des troupes (fig. 4), en observant la hiérarchie des décorations qu'ils vont recevoir.

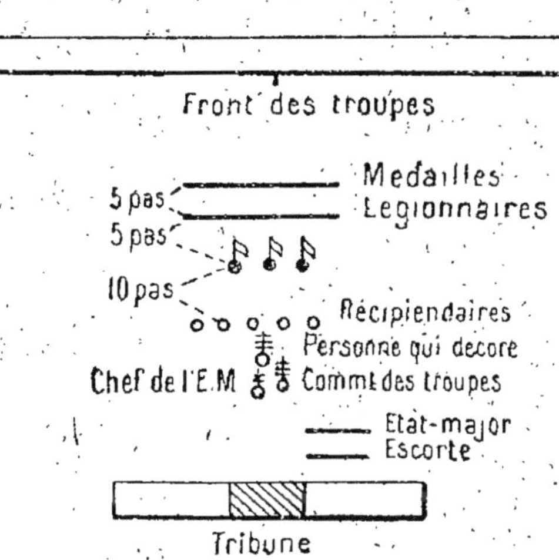

Fig. 4. — Remise de décorations.

Les drapeaux sans leur garde se placent derrière eux à dix pas.

Lorsque doit être conféré un grade dans la Légion d'honneur, les légionnaires de tous grades présents à la revue se forment à cinq pas derrière les drapeaux, sur un ou plusieurs rangs.

Ils sont à pied, au repos du sabre ou l'arme au pied.

Il en est de même des médaillés, si la cérémonie comporte la remise de médailles militaires. Les médaillés se forment à cinq pas derrière les légionnaires si la cérémonie comporte des décorations des deux catégories.

Pour la remise de décorations autres que celles de la Légion d'honneur ou la Médaille militaire, les légionnaires et les médaillés ne sont pas réunis, les drapeaux restent à leur place.

347. L'officier qui doit décorer, laissant son état-major et son escorte sur l'emplacement qu'ils doivent occuper pendant le défilé, s'avance, suivi seulement de son chef d'état-major et de l'officier qui a présenté les troupes.

Il prend le commandement des troupes.

Pour remettre des décorations de la Légion d'honneur, il fait présenter les armes et ouvrir le ban.

Les militaires à décorer sont sur un rang au port du sabre ou l'arme au pied.

A l'appel de son nom, le militaire armé du sabre fait un pas en avant et présente le sabre. Aux derniers mots de la formule conférant la décoration, il salue du sabre et ne relève le sabre qu'au moment de rentrer dans le rang.

Le militaire armé du fusil présente l'arme dans les mêmes conditions et repose l'arme après être rentré dans le rang.

Le ban est fermé après la remise des décorations de la Légion d'honneur. Le refrain de la *Marseillaise*, qui est exécuté (une seule fois) après la fermeture du ban, est écouté comme il a été dit au n° 342.

Pour remettre la Médaille militaire, le chef fait mettre l'arme sur l'épaule et ouvrir le ban. Les militaires à médailler se comportent comme il vient d'être dit pour les légionnaires.

348. Après la remise de toutes les décorations, le chef qui a décoré fait fermer le ban et reposer les armes. Puis il met les troupes au repos et rend le commandement au chef qui doit faire exécuter les mouvements préparatoires au défilé.

Les nouveaux légionnaires, qui doivent recevoir les honneurs du défilé, se rendent à l'emplacement qui leur est indiqué, généralement devant l'état-major du chef qui a passé la revue.

Les drapeaux, les médaillés et les autres assistants vont reprendre leur place dans les rangs.

CAS D'UNE TRIBUNE OFFICIELLE.

349. Lorsqu'il existe une tribune officielle, les récipiendaires, les drapeaux, les légionnaires et les médaillés sont placés face au centre de la tribune.

Pour le défilé, le chef qui a passé la revue se place le dos à la tribune, en se reportant légèrement du côté par lequel les troupes arrivent, de façon que ni lui ni son état-major

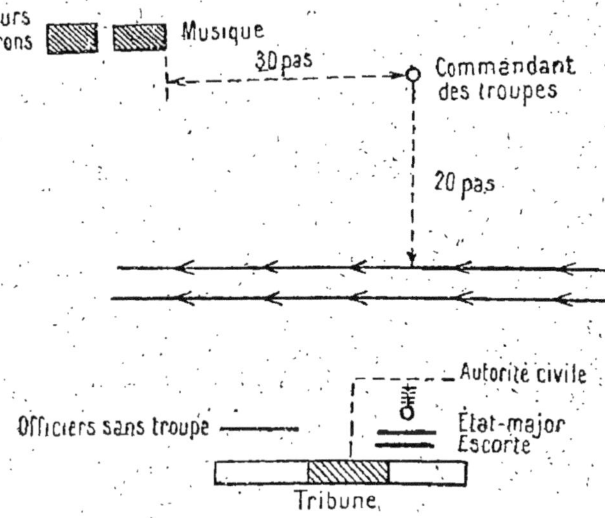

Fig. 5. — Défilé devant une tribune.

ou son escorte ne masquent la vue des autorités présentes dans la tribune (fig. 5).

INSPECTIONS.

350. Lorsque la revue passée par un chef n'a pas le caractère d'une cérémonie, mais celui d'une inspection ayant pour but de faire certaines vérifications relatives au personnel ou au matériel, la tenue et la disposition des troupes sont prévues en conséquence.

L'inspection peut n'être pas suivie d'un défilé.

ANNEXE III.

MANIEMENT DU SABRE.

351. Le sabre n'est pris que pour les revues, les services d'honneur, les services d'ordre ou lorsque la grande tenue est ordonnée.

Le maniement du sabre est toujours exécuté près du corps avec la plus grande précision et, s'il y a lieu, en même temps que les mouvements de maniement d'arme de la troupe.

MANIÈRE DE TENIR LE SABRE.

352. 1° A PIED.

Les officiers tiennent normalement leur sabre au repos du sabre. Ils se mettent au port du sabre avant de saluer et avant de présenter le sabre.

2° A CHEVAL.

Aux deux positions du sabre tenu par un officier à pied correspond une seule position du sabre tenu par un officier à cheval.

L'officier à cheval tient son sabre comme au port du sabre, mais le pommeau et la main droite sont posés sur le haut de la cuisse.

MANIEMENT DU SABRE.

353. METTRE LE SABRE A LA MAIN, AU PORT DU SABRE (à pied).

Saisir le fourreau avec la main gauche, engager le poignet droit dans la dragonne, saisir le sabre à la poignée; tirer vivement le sabre en allongeant le bras droit de toute sa longueur, marquer un temps d'arrêt; porter le sabre à l'épaule droite, le dos de la lame appuyé à l'épaule, le poignet à la hanche, le petit doigt en dehors de la poignée, le coude en arrière.

(à cheval).

Passer la main droite par-dessus les rênes, engager le poignet droit dans la dragonne et continuer le mouvement comme il est prescrit à pied.

Poser le poignet droit sur le haut de la cuisse.

354. Reposez le sabre (à pied).

Etant au port du sabre, saisir la lame avec la main gauche au-dessus de la garde.

Saisir la garde avec la main droite, le dos de la lame en avant.

Replacer vivement la main gauche dans le rang, allonger le bras droit et appuyer le dos de la lame au défaut de l'épaule.

355. Porter le sabre (à pied).

Etant au repos du sabre, saisir la lame avec la main gauche au-dessus de la garde.

Replacer la main droite à la poignée.

Reporter le sabre à l'épaule, la main droite à la hanche et replacer la main gauche dans le rang.

356. Présenter le sabre (à pied ou à cheval).

Etant au port du sabre, porter le sabre en avant, le bras droit demi-tendu, la main vis-à-vis et à 10 centimètres du col, les ongles tournés vers le corps, la lame verticale vis-à-vis du milieu de la figure, le pouce allongé sur le côté droit de la poignée, le petit doigt réuni aux autres.

358. On se remet au port du sabre par le mouvement inverse.

La présentation du sabre en marchant n'est effectuée que dans le mouvement préparatoire au salut du sabre ou du mouvement de remettre le sabre.

359. Salut du sabre (à pied ou à cheval).

Etant en marche au port du sabre, exécuter le mouvement de présenter le sabre.

Marquer un léger temps d'arrêt, puis étendre le bras verticalement de toute sa longueur.

Baisser la lame, le bras restant étendu, le poignet en quarte.

Ce mouvement doit s'achever lorsqu'on arrive à six pas de la personne à saluer.

BIBLIOTHÈQUE NATIONALE

Relever vivement le sabre après avoir dépassé de quatre pas la personne saluée.

Porter le sabre.

De pied ferme, le salut du sabre s'exécute de même : le mouvement de baisser la lame doit s'achever lorsque la personne à saluer est arrivée à six pas; le mouvement de relever le sabre est effectué lorsque la personne saluée s'est éloignée de quatre pas.

360. Remettre le sabre (à pied).

Exécuter le mouvement de présenter le sabre.

Saisir le fourreau avec la main gauche, baisser la lame le long du bras gauche, la pointe vers l'arrière; incliner légèrement la tête à gauche pour regarder l'ouverture du fourreau; y remettre la lame; dégager le poignet de la dragonne, replacer la tête directe, la main droite dans le rang.

(à cheval).

Comme il est prescrit à pied, mais sans saisir le fourreau; appuyer le dos de la lame à l'avant-bras gauche jusqu'à ce que la pointe soit engagée dans le fourreau.

ANNEXE IV.

HONNEURS FUNÈBRES.

361. Les hommes marchant en file à droite et à gauche du char funèbre, sont uniformément armés du fusil ou du mousqueton.

362. L'ARME SOUS LE BRAS DROIT.

Exécuter le premier mouvement de présenter l'arme, abattre l'arme, le canon en dessus; la saisir avec la main droite entre la hausse et la boîte de protection (1), le pouce allongé dans l'évidement du fût, la crosse maintenue entre le corps et le bras, le bout du canon incliné vers la terre; laisser tomber la main gauche dans le rang.

---

(1) Fusil 86-93 : entre la hausse et la boîte de culasse.

ANNEXE V.

FORMATIONS ET ÉVOLUTIONS
DE LA COMPAGNIE HORS RANG.

363. *Sur le pied de paix*, la compagnie hors rang (C. H. R.) est commandée par le capitaine chargé du matériel.

Son effectif varie avec le type des régiments.

Elle est fractionnée en quatre sections, dont le détail est donné par les *Tableaux d'effectif de paix* et dont les chefs sont respectivement :

1° Le lieutenant ou sous-lieutenant chargé des engins d'accompagnement ;

2° Le sous-chef de musique ;

3° Le lieutenant adjoint au capitaine trésorier ;

4° Le lieutenant adjoint au capitaine chargé du matériel.

Pour les prises d'armes, le capitaine commandant la C. H. R. la forme, selon le nombre des hommes disponibles, en une ou plusieurs sections de trois groupes, sur le type des sections de F. V.

Elle évolue en ligne de sections par trois ou en colonne par trois, comme une compagnie de fusiliers-voltigeurs.

Pour les routes, les évolutions, les revues et les défilés, l'adjudant porte-drapeau, les cyclistes, les sapeurs-ouvriers d'art et les ordonnances montés ne sont pas dans les rangs de la C. H. R. Ils occupent les places qui leur sont assignées à la 1re Partie du Règlement (n° 328) et à l'Annexe II.

Pour les routes, les médecins et les infirmiers sont répartis par le médecin chef de service en queue des bataillons ou avec les voitures médicales.

364. *Sur le pied de guerre*, la composition et le fractionnement de la C. H. R. sont fixés par les *Tableaux d'effectif de guerre*.

Lorsque, pour une prise d'armes, la C. H. R. est fractionnée en plus de quatre sections et que les autres compagnies sont en colonne double, elle se forme en colonne triple ou quadruple, selon les indications de la figure 6.

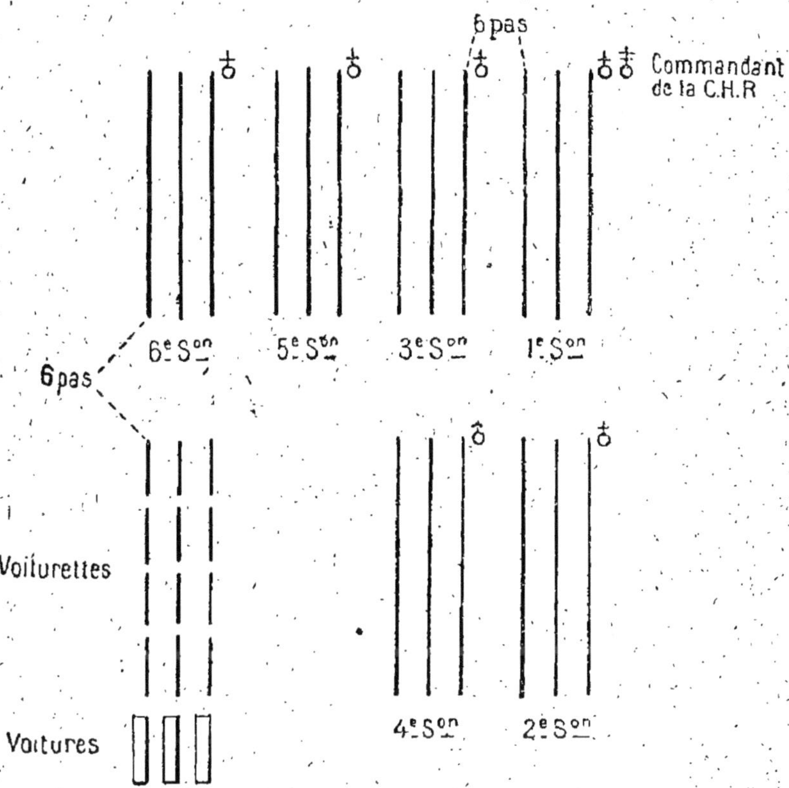

Fig. 6. — Compagnie hors rang.
(Formation de revue.)

Les groupes d'engins d'accompagnement du régiment constituent toujours la dernière section de la formation; ils ont derrière eux leurs véhicules, formés en trois colonnes accolées (fig. 6).

365. La prise d'armes peut comporter la présence de tout ou partie des voitures du train de combat et du train régimentaire. Elles sont alors disposées conformément aux prescriptions de l'*Instruction sur les trains des corps de troupe d'infanterie*.

ANNEXES DE LA 2ᴱ PARTIE

ANNEXE VI.

PROCÉDÉS D'INSTRUCTION EN VUE DU COMBAT.

CHAPITRE I.

PRINCIPES GÉNÉRAUX.

Le titre I de la 1ʳ Partie (1) contient les prescriptions esentielles qui intéressent à la fois l'instruction technique et l'instruction en vue du combat.

La présente annexe a pour objet d'indiquer avec plus de détails les conditions dans lesquelles ces prescriptions doivent être appliquées à l'organisation, à la conduite et à l'exécution des **exercices de combat.**

BUT DE L'INSTRUCTION EN VUE DU COMBAT.

463. *La préparation technique* met les exécutants en possession des principaux moyens de combattre.

L'instruction en vue du combat leur enseigne, en présence d'une situation et d'un but à attendre bien définis, à choisir parmi ces moyens ceux qui conviennent le mieux au problème posé et à les adapter au cas particulier dont il s'agit. L'entraînement est suffisant lorsque ce choix et cette adaptation se font sans hésitation et deviennent même instinctifs pour les cas les plus simples et les plus fréquents.

Une instruction bien conduite développe l'initiative des combattants et la cohésion des unités.

Elle a sa base dans une connaissance approfondie des règlements et du caractère des exécutants.

---

(1) Chapitre III. — Méthodes générales d'instruction.
    Chapitre V. — Instruction de la troupe.
    Chapitre VI. — Instruction des cadres.

ORGANISATION DES EXERCICES.

464. En garnison, les petites unités à instruire, jusqu'au bataillon inclus, sont mises sur le pied de guerre au moyen des ressources du régiment (n° 19 de la 1re partie). Les exercices de régiment ne peuvent être, en raison de la faiblesse des effectifs, que des exercices de cadres, avec ou sans troupe.

Les exercices de régiment sur le pied de guerre ne peuvent avoir lieu que dans les camps d'instruction.

465. Dans tout exercice de combat d'une unité, le commandant de l'unité supérieure remplit, si possible, les fonctions de directeur.

Lorsque le commandant de l'unité supérieure ne peut être présent, le commandant de l'unité fait lui-même fonctions de directeur et donne le commandement de l'unité à un autre officier.

L'instruction de l'équipe et du groupe est toujours dirigée par un officier.

466. Avant chaque séance, le directeur détermine la partie du règlement qu'il veut enseigner. Tenant compte du terrain dont il disposera, il arrête le *thème de l'exercice*, c'est-à-dire qu'il imagine pour sa troupe une *situation de départ* et une *mission à remplir*. Il procède par hypothèses simples, conformes aux réalités du champ de bataille et suppose toujours l'unité encadrée.

Le thème est communiqué à tous les exécutants, afin que chaque soldat puisse comprendre sa manœuvre.

Le directeur règle les conditions d'exécution relatives à la représentation de l'ennemi et des unités voisines et à la figuration des effets du feu.

Il prépare, puis il conduit le développement de l'exercice; il dirige la critique et résume les enseignements.

Dans les exercices d'une certaine ampleur, le directeur se fait assister par un ou plusieurs adjoints.

Terrain.

467. Lorsqu'on dispose de terrains nombreux, on choisit, pour un exercice donné, celui qui se prête le mieux à la démonstration que l'on veut faire. Il y a avantage à prendre le terrain tel qu'il est et à s'abstenir de conventions modifiant sa configuration ou son état réels : on risquerait de fausser le coup d'œil et les idées

Les seules conventions permises sont celles relatives à la figuration d'organisations ennemies ou amies, quand les travaux ne peuvent être effectivement exécutés.

Lorsque l'exiguïté du terrain ne permet pas, sans invraisemblance, de mener une action de bout en bout, le thème est divisé en autant de phases qu'il est nécessaire.

Un même terrain permet d'ailleurs de varier les exercices dans une large mesure, car les ressources qu'il présente (formes, couverts, obstacles, etc.) n'ont pas de valeur en elles-mêmes, mais seulement par rapport à une situation et à une mission de combat déterminées.

468. Au début, les terrains très découverts sont avantageusement utilisés pour bien faire comprendre à tous les soldats le mécanisme du combat et, également, pour faire exécuter une démonstration de la manœuvre à réaliser : autant que possible, une unité modèle, spécialement composée et préparée, opère sous les yeux des cadres et de la troupe à instruire; ses actes sont expliqués et commentés par l'instructeur. Ce procédé permet de gagner beaucoup de temps pour l'instruction des jeunes soldats et pour l'instruction de revision à donner aux hommes de complément.

Par la suite, on utilise des terrains présentant des difficultés croissantes et permettant de parcourir toutes les parties du règlement (combats en terrain organisé, en terrain bouleversé, sous bois, dans les localités, etc.).

469. On reprend certains exercices dans une obscurité plus ou moins complète.

On met à profit pour l'enseignement les circonstances atmosphériques qui se présentent (brouillard, neige, etc.).

Tenue.

470. La tenue est fixée selon le degré d'entraînement de la troupe (n°° 26 à 31 de la 1ʳᵉ partie). L'outil et la boîte à masque sont toujours emportés. Le masque est mis effectivement dans quelques exercices.

Figuration de l'ennemi et des unités voisines.

471. L'ennemi est **supposé, figuré** ou **représenté** (n° 59 de la 1ʳᵉ partie).

Les éléments figurant l'ennemi ont le plus souvent pour mission de marquer au moyen du feu de l'infanterie et, le cas échéant, du feu de l'artillerie, les péripéties importantes du combat. Pour obtenir ce résultat, quelques hommes bien encadrés suffisent. S'il est prévu pour l'ennemi des manœuvres comportant emploi du mouvement aussi bien que du feu, on le constitue un peu plus fortement.

Les exercices avec ennemi représenté sont exceptionnels.

Le directeur fait souvent figurer par de petites fractions ou par des fanions, les unités amies encadrant ou précédant l'unité qui manœuvre ainsi que les *réserves*. Il fixe *a priori* les conditions d'intervention de ces éléments ou conserve à sa disposition les réserves pour les utiliser au mieux de l'enseignement qu'il entend donner.

Figuration des feux.

472. La matérialisation de l'exécution et des effets des feux est nécessaire pour sauvegarder la vraisemblance et faire ressortir les imprudences commises.

Le **tir à blanc** est celui qui permet le mieux de donner aux exercices la physionomie du combat véritable; sous réserve de quelques précautions, il permet de mettre en œuvre toutes les armes du groupe de combat, simultanément, dans toutes les directions voulues, en laissant aux chefs toute leur initiative et leur liberté de mouvement.

Le **tir réel**, en permettant, dans une certaine mesure, la constatation des résultats, assurerait un enseignement encore plus probant. Mais l'obligation de réaliser une sécurité absolue exclut généralement la possibilité de l'employer sur les terrains d'exercices qui avoisinent les garnisons.

Les exercices avec tir réel ne peuvent être exécutés, en principe, que dans les camps ou sur les champs de tir de circonstance possédant plusieurs lignes de tir. Le directeur se conforme, en ce qui concerne l'organisation matérielle, aux prescriptions de l'*Instruction sur les stands et les champs de tir*. Il évite de provoquer des manœuvres qui, forcément déformées par des nécessités de sécurité, ne pourraient se dérouler normalement. Plutôt que de tomber dans l'invraisemblance, il se limite à des épisodes très simples du combat ou se contente de la figuration par le tir à blanc.

Il est cependant possible, lorsqu'on ne dispose que d'une ou de deux lignes de tir, de combiner les deux procédés : certains engins, par exemple le F. M. ou une partie des fusils feront du tir réel dans les directions où cela est possible, les autres feront du tir à blanc.

On peut également, à l'occasion de tout exercice, montrer, au moyen de tirs réels, quels auraient été les effets du feu à un moment déterminé. Dans ce but, l'exercice est d'abord exécuté avec ennemi figuré et tir à blanc. Puis, lorsque la situation se prête à la démonstration recherchée, on suspend l'exercice et on relève les positions respectives de l'objectif et des tireurs.

Des tirs réels sont exécutés sur ces données, aussitôt que possible, après la manœuvre avec tir à blanc.

Exercices avec chars de combat et artillerie.

473. L'exercice comporte très fréquemment l'intervention des chars de combat et de l'artillerie — parfois aussi celle de l'aéronautique.

Ces interventions sont supposées ou représentées.

Lorsque l'on étudie le combat avec chars, il est indispensable qu'à défaut de chars réels, la marche de chaque char soit effectivement figurée, tout au moins par un homme porteur d'un fanion.

Lorsque l'importance de l'exercice le comporte et que les ressources de la garnison le permettent, des officiers et gradés des autres armes sont mis à la disposition du directeur de l'exercice. Il les emploie, soit comme conseillers ou arbitres techniques, soit dans les rangs de l'ennemi figuré ou de l'unité exercée. A défaut d'officiers spécialisés, il charge un ou plusieurs de ses adjoints de diriger, selon ses instructions, le fonctionnement des dispositifs figurant les chars ou l'artillerie.

CONDUITE DES EXERCICES.

474. Le **directeur**, ayant arrêté le thème de la manœuvre, règle la conduite à tenir par l'ennemi, de manière à provoquer les incidents propres à mettre en relief les principes qu'il désire enseigner et à pouvoir faire ressortir les fautes commises.

Dans le cas — le plus général — de l'ennemi figuré, son intervention se produit :

— soit d'après un plan d'action arrêté par le directeur et exécuté sans autre ordre;

— soit sur un signal convenu;

— soit enfin d'après la conduite de l'unité qui manœuvre et dont l'attitude détermine les réactions adverses.

Dans ce dernier cas, le directeur fait commander l'ennemi par un de ses adjoints, auquel il donne, au préalable, toutes les indications nécessaires. Sous réserve de se conformer à ses instructions, les éléments figurant l'ennemi agissent le plus possible comme ils le feraient dans la réalité.

475. Le directeur indique à l'unité exercée la situation initiale qui résulte du thème de la manœuvre (n° 59 de la 1re partie). Il lui notifie sa mission et le but à atteindre sous la forme d'un **ordre d'attaque**, d'un **ordre de défense** ou d'un extrait du **plan de défense**, semblable à ceux qui seraient donnés dans la réalité à l'unité dont il s'agit (n°° 130 et 353).

Le chef de cette unité communique à ses subordonnés les parties du thème qui les intéressent, leur donne les **ordres** correspondants et passe à l'exécution.

476. Le directeur laisse agir ses subordonnés jusqu'au moment où, dans la réalité, l'action adverse commencerait à devenir efficace. A partir de ce moment, il intervient, quand il est nécessaire, soit en actionnant l'ennemi, soit en informant les éléments engagés de l'effet des résistances qu'ils rencontrent et des effets de leur propre manœuvre.

Le directeur peut, en outre, faire varier les données du thème au cours de l'exercice de manière à astreindre les exécutants à la gymnastique intellectuelle sans laquelle le chef est incapable de prendre, au combat, une décision raisonnée et rapide.

Les communications du directeur sont toujours faites sous une forme laissant à celui qui les reçoit l'entière initiative de la conduite à tenir ultérieurement.

Le directeur ne perd pas de vue que son rôle ne consiste pas à imposer une solution que sa connaissance des deux partis lui permet d'imaginer sans difficulté; mais bien à suivre le travail des exécutants, à s'assurer qu'ils ont une idée et qu'ils en poursuivent logiquement la réalisation.

477. Le directeur et ses adjoints interviennent également en faisant représenter réellement les pertes dues au feu. Ils désignent les hommes et les gradés supposés hors de combat et le matériel devenu inutilisable.

478. Les incidents ainsi créés par le directeur provoquent chez les exécutants de nouvelles décisions et de nouveaux ordres. Lorsque ceux-ci ont produit tous leurs effets, le directeur arrête l'exercice.

La manœuvre est, au besoin, recommencée jusqu'à ce que le but fixé soit convenablement atteint.

Le directeur fait ensuite la critique.

479. Dans les premiers exercices, particulièrement dans ceux qui intéressent la troupe et les cadres subalternes, il est nécessaire de ne pas compliquer la tâche de l'exécutant en accumulant les incidents et les hypothèses. Il est préférable, partant d'une situation simple, d'étudier un seul épisode du combat, limité dans son développement, de faire une courte critique particulière et de passer ensuite, s'il y a lieu, à l'épisode suivant.

Ainsi l'instructeur ne traite qu'un problème à la fois, ce qui est essentiel lorsqu'il s'adresse à des exécutants dont les connaissances sont élémentaires.

480. Dans le cas très rare où l'exercice est à double action, le directeur laisse aux chefs de chaque parti une entière liberté de décision et d'action. Il se borne à faire représenter les pertes et observer les conventions de manœuvre. Il suspend l'exercice si les mouvements exécutés s'écartent de la vraisemblance et replace les unités dans une situation plausible.

Adjoints au directeur. — Arbitrage.

481. Les adjoints au directeur sont choisis parmi les cadres laissés disponibles par la constitution des unités de manœuvre (n° 19 de la 1re partie). Ils secondent le directeur et assurent, s'il y a lieu, le service de l'arbitrage.

Ils reçoivent avant la séance, et autant que possible sur le terrain, des indications précises sur les points suivants :

— but de l'exercice et détails d'organisation;

— conditions dans lesquelles il convient qu'il se déroule; mesures à prendre par les arbitres pour en assurer le développement dans le sens voulu;

— interventions ordonnées d'avance à l'ennemi ou à lci ordonner en réponse à telle manœuvre des exécutants;

— conventions relatives à la figuration des troupes voisines, à celle des effets de feu, etc.

Les adjoints sont répartis sur le terrain d'après leurs missions et affectés spécialement aux unités que le directeur ne peut surveiller lui-même.

S'ils n'ont pas reçu une mission d'arbitrage, ils se bornent à noter les ordres donnés et à observer les manœuvres qui en résultent. Ils n'interviennent directement auprès des exécutants que pour leur transmettre les décisions ou informations du directeur et pour leur signaler les incidents qui peuvent leur échapper parce qu'ils sont seulement figurés.

Les fonctions d'**arbitres** ne sont confiées qu'à des officiers qualifiés. Elles comportent, dans l'élément auquel l'arbitre est attaché, le droit de décider, au nom du directeur, si une manœuvre de détail a réussi ou échoué, d'accorder ou de refuser la possession d'un objectif partiel et de faire figurer les pertes dans la mesure convenant à chaque cas particulier.

L'exercice terminé, le directeur reçoit les comptes rendus des adjoints.

Critique.

482. La **critique** offre une occasion particulièrement profitable de donner l'instruction aux cadres. Elle réunit sur le terrain même, autour du directeur, le plus grand nombre possible d'officiers et de gradés.

Le directeur rappelle brièvement le thème de l'exercice, puis il interroge les exécutants sur la manière dont ils ont conçu leur mission et sur les ordres qu'ils ont donnés en conséquence. Il procède par questions précises et exige des réponses nettes et brèves. Il fait spécifier avec le plus grand soin l'emplacement sur le terrain des différentes unités dont il s'occupe au cours de la critique.

Il vérifie surtout les points suivants :

— la mission donnée a-t-elle été bien comprise?

— le chef de la troupe a-t-il nettement arrêté dans son propre esprit ce qu'il voulait faire?

— les ordres qu'il a donnés ont-ils bien traduit sa volonté?

— le but à atteindre est-il bien resté l'objet constant qui a déterminé toutes les décisions prises?

— le but a-t-il été complètement atteint, le mieux et le plus vite possible?

La critique est conduite avec bienveillance et de manière que les exécutants soient amenés à reconnaître et à rectifier d'eux-mêmes les erreurs qu'ils ont pu commettre.

En encourageant chez les exécutants l'emploi de procédés hardis, même s'ils n'ont pas eu un plein succès, on leur donne le goût de l'action et une confiance croissante en eux-mêmes. C'est surtout en examinant d'une part le but à atteindre, en discutant d'autre part le choix et l'adaptation des moyens employés que le directeur enseigne aux cadres la partie la plus difficile de l'art de commander.

Les fautes sont mises à profit pour éclairer les principes et les prescriptions réglementaires qui se rattachent à l'exercice exécuté. La critique ne doit pas consister à condamner une disposition prise en invoquant simplement un principe ou une prescription qui lui est opposée. Le directeur doit montrer, au contraire, pourquoi une disposition défectueuse n'a pas conduit au but recherché et en déduire les raisons pour lesquelles les prescriptions du règlement auraient mieux convenu au cas particulier envisagé. C'est ainsi que se poursuivent à la fois l'étude et l'explication du règlement *qui doivent rester à la base de tout l'enseignement donné.*

Le directeur résume les enseignements de l'exercice dans quelques conclusions nettes et précises et présente, s'il y a lieu, une solution personnelle de la question.

Il termine la critique par les observations de détail qu'il a relevées concernant l'exécution elle-même. Ces observations amènent parfois à reprendre certains points des exercices de combat des unités subordonnées et même de l'instruction technique.

INSTRUCTION DE LA TROUPE.

Aux prescriptions des chapitres V et VI du Titre Ier de la 1re Partie, concernant l'instruction de la troupe et l'instruction des cadres, il convient d'ajouter quelques détails intéressant plus spécialement les exercices de combat.

483. *Les exercices de combat visent toujours le cas de l'unité encadrée.*

Les nombreuses péripéties du combat qu'une unité peut mener dans une zone d'action limitée à droite et à gauche suffisent à donner aux exercices toute la variété et tout l'intérêt nécessaires.

484. Afin que les exercices de la compagnie et des unités inférieures soient bien situés dans leur cadre, il est recommandé de procéder ainsi :

Dans un court délai après l'incorporation, des groupes de combat sont organisés en utilisant tous les anciens soldats.

Un exercice de combat de bataillon, avec troupe, est alors exécuté sur un thème soigneusement adapté aux ressources en terrains de la garnison.

Chaque compagnie travaille ensuite sur le thème ainsi posé, dans la tranche qui lui est échue, puis dans les tranches voisines. L'exercice de compagnie sert à son tour de cadre aux exercices de sections et de groupes de combat.

Pour varier les situations étudiées, l'exercice de bataillon est renouvelé aussi souvent qu'il semble nécessaire.

S'il n'est pas possible d'exécuter cet exercice avec troupe, le chef de bataillon le remplace par un exercice de cadres ayant le même but.

485. Les exercices avec troupe sont exécutés presque toujours à simple action, *exceptionnellement à double action.*

Dans les *exercices à simple action*, l'instructeur reste maître de l'action adverse qu'il peut régler en vue d'un enseignement positif. Les situations diverses qui se succèdent étant voulues par lui, il peut les délimiter à son gré, en prévoir les conséquences et en suivre de très près l'exécution. Il a toute facilité pour suspendre l'exercice et le faire reprendre ou recommencer.

Cette forme d'exercices est la plus simple; elle permet d'étudier avec méthode et sans précipitation les procédés de combat. *Elle est exclusivement employée pour les exercices de la compagnie et des unités plus faibles;* elle demeure la règle habituelle pour les unités plus fortes.

Dans les *exercices à double action*, deux volontés agissant en toute indépendance dans un cadre déterminé sont opposées l'une à l'autre.

Mettant les deux partis aux prises avec toutes les difficultés provenant du terrain et de la libre action de l'adversaire, ces exercices constituent une excellente école d'initiative et de commandement, mais ils placent très promptement les petites unités dans des situations invraisemblables où les effets du feu sont souvent difficiles à apprécier.

Les exécutants sont alors conduits à méconnaître les réalités du combat et à commettre des erreurs dont le redressement est souvent difficile.

Destinés surtout à l'instruction des officiers supérieurs, les exercices à double action sont le plus souvent des exercices de cadres avec troupe (n° 498). Il y a intérêt à ne commencer de tels exercices que lorsque la troupe est parfaitement instruite. Ils nécessitent toujours un service d'arbitrage (n° 481).

486. Une grande part doit être faite aux *exercices avec chars de combat.* Ils ont lieu pendant tout le cours de l'année d'instruction lorsqu'il y a des unités de chars dans la garnison. Sinon, les chars sont figurés (par exemple, par des voiturettes de mitrailleuses ou par des fanions) et les exercices avec chars réels ont lieu dans les camps d'instruction.

487. On profite également des séjours dans les camps pour familiariser les troupes avec le bruit du canon, le sifflement des balles et des obus. Elles doivent, en particulier, sinon être exercées à suivre des barrages roulants ou à attaquer sous la protection de concentrations réelles, du moins assister, sur des emplacements convenables, aux tirs d'artillerie exécutés dans ces conditions.

Les différentes modalités du tir de l'artillerie : tir d'arrêt, tir de destruction, harcèlement, rafales, etc., doivent être expliquées au soldat en ce qui concerne l'arrivée des projectiles ennemis : à chacune de ces modalités correspond, en effet, un procédé particulier de progression que le soldat doit savoir discerner et employer.

488. L'instruction de combat des *spécialistes* (n° 38 de la 1re partie) ne nécessite pas l'organisation d'exercices de combat particuliers. Elle se poursuit au cours des exercices de compagnie, de bataillon et de régiment; c'est dans ce cadre que s'adapte le mieux aux besoins du combat l'instruction technique déjà acquise par les gradés et les soldats pourvus de fonctions spéciales.

INSTRUCTION DES CADRES.

489. L'instruction des cadres se poursuit toute l'année comme celle de la troupe, mais doit avoir sur celle-ci une certaine avance, de telle sorte que les cadres soient entièrement à hauteur de leurs fonctions lorsque l'on aborde une partie quelconque de l'instruction de la troupe.

490. L'instruction d'ensemble des cadres est faite *par corps*, sous la direction immédiate du chef de corps et conformément au programme annuel qu'il a établi (n° 533).

Elle comprend :

des conférences,

des exercices sur la carte,

des exercices de cadres sur le terrain.

Cette instruction d'ensemble a essentiellement pour but de créer, dans chaque régiment, l'unité de doctrine et l'uniformité des procédés dans le domaine des règlements de l'arme et de *l'Instruction sur la liaison pour les troupes de toutes armes*. Elle est complétée par le travail journalier exécuté dans les unités subordonnées (bataillons et compagnies).

491. L'instruction des officiers supérieurs et subalternes est donnée dans un cadre qui ne doit pas dépasser celui de la division.

Elle est complétée :

— par des stages dans des **centres d'instruction d'infanterie;**

— par des stages dans des **centres d'instruction de spécialités** organisés pour l'infanterie ou communs à toutes les armes;

— par la participation des officiers à des voyages d'état-major;

— par de courts séjours dans des établissements techniques de l'infanterie ou d'une autre arme.

Dans les garnisons de toutes armes, les conférences de garnison, les exercices sur la carte de garnison et les exercices de cadres de garnison permettent, durant toute l'année, d'habituer les officiers au travail en commun et de réaliser ainsi une bonne liaison des armes.

Dans les garnisons où il n'y a que des unités d'une seule arme, le chef de corps s'efforce de développer la connaissance des règlements et des procédés de combat des autres armes en utilisant les officiers brevetés et les officiers ayant suivi des cours dans les différents centres d'instruction.

Le nombre total des séances consacrées à l'instruction en salle (conférences et exercices sur la carte de corps et de garnison) ne doit pas être trop élevé.

On peut admettre un maximum d'une séance par semaine pour cette instruction en salle, — deux séances par semaine dans les corps où la faiblesse des effectifs-troupe ne permet pas d'employer tous les officiers à l'instruction sur le terrain.

Les exercices de cadres sur le terrain (exercices de régiment et exercices de garnison) peuvent être réglés sur la base de deux ou trois exercices par mois au total.

Tous les exercices doivent être minutieusement préparés; ceux qui sont exécutés sur le terrain doivent être procédés de reconnaissances détaillées. Ils donneront ainsi plus de résultats que des exercices plus nombreux mais insuffisamment préparés.

492. L'instruction des gradés est donnée dans le cadre du régiment, qui offre toujours les ressources indispensables en effectifs et en instructeurs que les unités inférieures ne seraient pas en état de fournir.

Les sous-officiers candidats au rengagement sont instruits, en outre, dans des **centres régionaux.**

Les spécialistes sont formés dans les **centres d'instruction de spécialités d'infanterie.**

Conférences.

493. Les **conférences** ont pour but principal l'étude raisonnée de l'enseignement contenu dans les différents règlements.

Dans les corps, elles prennent la forme de causeries, au cours desquelles des exemples concrets ou des cas de combat vécus sont fréquemment développés et suivis sur la carte, afin d'amener constamment les esprits à passer de la théorie à la pratique.

L'étude des règlements ne doit pas être conduite en procédant exclusivement *par récitation.* L'instructeur exige que certaines séances d'étude des règlements aient été soigneusement préparées par un travail personnel de ses subordonnés; il leur indique d'avance les passages essentiels dont le texte doit être connu à fond, en le serrant de très près.

Exercices sur la carte.

494. Les **exercices sur la carte** exécutés dans les corps de troupe sont consacrés à la tactique de l'arme.

Ils ont pour but :

— soit de réaliser en salle un enseignement déterminé;

— soit de préparer un exercice de cadres sur le terrain.

Ils sont exécutés, en général, *à simple action.*

Ils demandent à être soigneusement préparés surtout en ce qui concerne l'établissement du thème initial.

Ce thème est choisi de manière à faire ressortir l'enseignement cherché. La situation de départ doit être bien précisée.

Les exercices doivent être dirigés avec le souci de tenir compte des difficultés de toute nature que l'usage de la carte incite trop souvent à négliger, par exemple : établissement des liaisons, temps nécessaire pour faire parvenir un ordre, pour effectuer un déplacement ou réaliser un dispositif, etc.

On se limite aux décisions dans lesquelles la nature du terrain et les circonstances atmosphériques ne jouent pas un rôle prépondérant.

495. Les principes d'élaboration et de rédaction des ordres et des comptes rendus (n°° 17 et 19) peuvent être tout particulièrement étudiés à loisir dans les exercices sur la carte. En exerçant les officiers et les gradés à les rédiger par écrit, en les faisant soigneusement revoir et corriger à tous les échelons, on habitue les chefs subalternes à s'exprimer avec clarté et concision, à employer le mot propre et à ne rien omettre de ce qui doit être dit.

496. On emploie pour ces exercices des cartes, des plans ou des plans reliefs dont l'échelle est en rapport avec l'importance des effectifs supposés.

Pour l'instruction des cadres subalternes et des pelotons n° 1 et n° 2, on peut substituer au plan relief une caisse de sable (1) permettant de représenter le terrain à la volonté de l'instructeur et d'adopter l'échelle qui convient à l'exercice envisagé. Sous la direction de l'instructeur, les meilleurs gradés exécutent eux-mêmes le modelage d'après la carte et placent les accidents de planimétrie. Ce travail amène à se rendre compte de tous les détails que donne une carte et à raisonner sur les formes du terrain et sur la bonne utilisation de celui-ci.

497. Lorsque l'exercice sur la carte met en action le régiment ou même un bataillon, il est toujours avantageux d'y faire assister quelques officiers des autres armes (artillerie, aéronautique) et des chars de combat. Cette liaison des armes est assurée par entente directe entre les chefs de corps d'une même garnison.

Exercices de cadres sur le terrain.

498. Les exercices sur le terrain préparent plus directement les cadres à la conduite de la troupe (n° 39 de la 1re partie). En faisant intervenir le terrain avec son importance réelle, ils habituent à apprécier dans son véritable milieu une situation simple et à y adapter des moyens d'exécution convenables.

Ils sont de deux sortes :

— **exercices de cadres sans troupe;**

— **exercices de cadres avec troupe.**

---

(1) Dimensions de la caisse : 1 m. 50 × 1 m. × 0 m. 40 environ.

Les premiers ne comportent que le fonctionnement « d'unités-cadres » représentées par leurs groupes de commandement et *dotées de tous leurs moyens de liaison et de transmission.*

Les seconds comportent la participation, à côté des « unités-cadres » d'un certain nombre « d'unités de manœuvre » *à effectifs voisins des effectifs de guerre.* Il est constitué autant d'unités de manœuvre qu'il est possible.

Comme les exercices sur la carte, les exercices de cadres sur le terrain sont, en général, *à simple action.*

499. Le choix entre les deux sortes d'exercices de cadres — sans troupe et avec troupe — est déterminé par le but poursuivi, par les disponibilités en effectifs et par les ressources en terrains non cultivés.

Pour les exercices de régiment et de bataillon, il y a toujours avantage à ce que :

— les exercices de cadres sur le terrain soient précédés d'un exercice sur la carte;

— les exercices de cadres avec troupe soient la répétition d'un exercice de cadres sans troupe.

500. Les cadres doivent être pourvus de cartes, de boussoles et, si possible, de jumelles.

Tout en rendant familiers à tous la lecture et l'usage des divers types de cartes, plans et croquis, l'instructeur s'attache à développer sur le terrain l'habitude de se diriger et de manœuvrer sans leur secours. Il est important pour tout chef de posséder et de cultiver la mémoire topographique, ce qui lui permettra d'étudier un terrain sur une carte ou sur une photographie aérienne, puis de s'y diriger alors qu'il n'aura plus ces documents sous les yeux.

501. Indépendamment des comptes rendus écrits que le développement normal de l'action les appelle à fournir, il est parfois demandé aux gradés, après une manœuvre particulièrement intéressante de rédiger le compte rendu de leur rôle personnel dans la manœuvre, visé au n° 40 de la 1ʳᵉ partie. Ce compte rendu est appuyé d'un croquis.

Ce procédé oblige les cadres à réfléchir et à s'intéresser à l'enchaînement des différentes phases d'une opération simple. Il permet à l'instructeur de savoir si son enseignement a été bien compris et de revenir sur les parties du règlement qui auraient été mal interprétées.

CHAPITRE II

INSTRUCTION DU COMBATTANT, DE L'EQUIPE ET DU GROUPE.

502. L'instruction du soldat en vue du combat a surtout pour but de lui enseigner à *agir individuellement au profit de la collectivité.*

Le groupe de combat est la fraction où son activité s'exerce normalement : il y obéit à son chef sans intermédiaire; il y remplit un rôle personnel, soit sur une brève indication de ce chef, soit de sa propre initiative. *Les situations les plus diverses qui peuvent se présenter à la guerre se ramènent toujours pour le soldat à une certaine mission ou à une certaine action de son groupe.*

Le groupe est donc le cadre dans lequel doit être donnée l'instruction individuelle.

Le caractère de celle-ci sera sauvegardé si l'instructeur :

— laisse au soldat le soin d'apprécier lui-même la situation dans laquelle se trouve le groupe et de décider ce qu'il convient de faire;

— s'attache à lui faire bien comprendre la raison de tout ce qui est fait ou ordonné;

— lui fait constater, à chaque occasion favorable, que son habileté technique et son énergie personnelle sont indispensables au succès commun, qu'au contraire l'ignorance ou la défaillance d'un seul peuvent compromettre la réussite de l'action commune.

Ainsi se développent en même temps la valeur individuelle et le sentiment de la cohésion. La cohésion résulte de la confiance mutuelle des soldats entre eux et de leur conviction qu'un chef est nécessaire pour coordonner leurs efforts.

503. L'instruction du soldat dans le groupe est facilitée par la pratique préalable de certains exercices élémentaires dont le soldat est appelé à faire un usage presque automatique en campagne, aussi bien quand il combat dans le groupe que dans les circonstances exceptionnelles où il est relativement isolé.

Ces exercices sont réunis sous le nom d'**instruction individuelle proprement dite.**

504. Les exercices de combat de l'équipe succèdent aux exercices individuels proprement dits et constituent la transition entre eux et les exercices de combat du groupe.

INSTRUCTION INDIVIDUELLE PROPREMENT DITE.

505. L'*Instruction individuelle proprement dite* a pour but de mettre chaque soldat en mesure :

— de prendre part aux exercices de groupe;

— d'agir opportunément, le cas échéant, de sa propre initiative.

Elle comprend :

— la connaissance et l'utilisation du terrain;

— l'exécution du tir au combat;

— l'exécution de missions individuelles.

Ces exercices commencent dès le début de l'instruction en même temps que la préparation technique du soldat; leur progression est réglée d'après le développement des connaissances techniques.

Connaissance et utilisation du terrain.

506. Cet enseignement comprend les exercices suivants :

1° Se poster, face à une direction donnée.

On ne peut utiliser un terrain qu'en vue d'un but nettement défini; il faut donc, dès ce premier exercice, faire intervenir une hypothèse tactique très simple.

L'instructeur enseigne que le poste choisi doit répondre le mieux possible aux nécessités suivantes :

— faire face à la *direction* indiquée;

— permettre de *voir* dans cette direction;

— donner des *facilités de tir* (position, appui de l'arme, etc...);

— protéger contre les vues et contre le feu de l'ennemi (*couvert ou abri*).

Le terrain fournit rarement un emplacement remplissant, au degré voulu, toutes ces conditions, et plus particulièrement celles relatives à la protection et aux facilités de tir. L'instructeur montre au soldat :

— comment il doit *utiliser spontanément son outil pour aménager et améliorer son emplacement*

— quelles sont les précautions à prendre pour pouvoir effectuer ce travail sous les vues de l'ennemi (1).

Il faut, dès le début, inculquer au soldat l'habitude de « s'accrocher au terrain », c'est-à-dire de s'enfoncer dans le sol et de se constituer ainsi un abri efficace.

2° Etant posté, étudier et surveiller le terrain dans la direction indiquée.

Le soldat étant convenablement posté et dans la position qu'il aurait sous le feu, les yeux au ras du sol, il faut :

— l'habituer à surveiller le terrain, spécialement les couverts qui permettent à l'ennemi de dissimuler sa présence ou sa marche et desquels il peut déboucher (haies, chemins creux, cultures, tranchées, etc...);

— lui faire trouver, reconnaître et suivre des yeux des objectifs plus ou moins visibles, immobiles ou en mouvement, à des distances variables;

— lui enseigner à rechercher, dès qu'il est posté, les cheminements à utiliser pour se déplacer, en tenant compte de la position de l'ennemi.

Il convient en outre de lui donner les notions d'orientation indispensables, de lui enseigner le nom des accidents du sol et de l'habituer à indiquer clairement et rapidement ce qu'il a découvert.

Ces notions sont complétées plus tard par des exercices d'appréciation de distances et de repérage du terrain.

3° Utiliser le terrain pour se déplacer dans une direction donnée.

L'instructeur s'attache à faire ressortir les points suivants :

— Avant de se mettre en mouvement vers l'objectif assigné le soldat posté doit avoir choisi son itinéraire, le procédé de mouvement à adopter (à la course, en rampant, etc...) et, s'il y a lieu, les points de station intermédiaires.

— La manière de se porter en avant dépend des ressources du terrain et de l'efficacité du feu adverse. Le soldat recherche et utilise les *cheminements* favorables pouvant exister dans la direction de marche. Si le terrain est nu, le mouvement s'exécute par bonds d'amplitude et de vitesse variables, suivant l'urgence, la distance de l'ennemi, la visibilité, etc... Si l'ennemi est très proche et tire, le

---

(1) Voir première partie, titre II, chapitre X.

bond n'est possible que sous la protection et pendant l'exécution d'un feu efficace : le soldat devient presque impuissant à agir seul, il doit profiter à propos du tir des autres.

L'instructeur montre au soldat la façon :

— de dissimuler et protéger sa marche en utilisant un talus, une crête, un fossé, une lisière, etc...;

— de préparer son bond sans éveiller l'attention de l'ennemi;

— de s'orienter dans un terrain inconnu, ou déjà parcouru.

Exécution du tir au combat.

507. L'emploi judicieux du feu au combat comporte les opérations successives suivantes :

— découvrir, reconnaître, surveiller l'objectif;

— décider s'il y a lieu de tirer;

— dans l'affirmative, choisir les éléments du tir le plus rapidement possible (position, hausse, point à viser, moment de l'ouverture du feu).

Les procédés d'exécution du tir sont décrits dans *l'Instruction sur la pratique du tir* (fusil, fusil-mitrailleur, grenades) et ses *Annexes I, II et III*, ainsi que dans *l'Instruction pour les unités de mitrailleuses d'infanterie*.

L'instructeur adapte progressivement les exercices techniques aux conditions du combat, en les combinant avec les exercices de connaissance et d'utilisation du terrain.

Il enseigne au soldat :

— à s'employer automatiquement à neutraliser tout organe de feu adverse qui se révèle;

— à tirer avec soin, sans se hâter, en choisissant son objectif et son point à viser;

— à exécuter des tirs à bout portant, inopinés, avec mise en joue aussi rapide que possible, pour prévenir le coup de l'adversaire;

— à tirer également avec mise en joue très rapide, mais toujours avec visée effective, sur un objectif fugitif.

508. L'instructeur démontre encore que, dans le combat à la grenade, les qualités les plus utiles sont d'abord la précision, puis l'entraînement à lancer loin et, en dernier lieu, à lancer vite.

Exécution des missions individuelles.

509. Ces exercices comportent la mise en œuvre, dans une hypothèse faite par l'instructeur, de toutes les notions précédentes. Ils montrent la distinction qui existe entre la conduite du soldat lié à un groupe et celle de l'homme opérant dans un isolement relatif et momentané, comme le guetteur, l'éclaireur, l'agent de transmission, etc.

L'instructeur est ainsi amené à caractériser le rôle des soldats chargés de ces missions :

— pour **le guetteur**, *surveiller* attentivement la zone ou la direction indiquées; *voir sans être vu; rendre compte* immédiatement par tous les moyens possibles;

— pour **l'éclaireur**, *avancer* dans la direction prescrite, *découvrir l'ennemi*, s'il se trouve dans la zone à parcourir; *rendre compte* et s'efforcer de continuer à avancer;

— pour **l'agent de transmission**, s'orienter et utiliser le terrain afin d'atteindre rapidement et sûrement la personne à laquelle il est envoyé.

510. Les combattants spécialisés (téléphonistes, observateurs, radio-télégraphistes, signaleurs, etc.) sont exercés par les mêmes procédés à la mise en œuvre de leur spécialité, dans des conditions de combat précisées par une hypothèse simple. L'instructeur insiste particulièrement sur l'utilisation et l'aménagement du terrain.

511. Au cours des exercices envisagés ci-dessus, l'ennemi peut être figuré par un ou deux hommes chargés de marquer par le feu les fautes commises.

512. Les exercices sont également exécutés au crépuscule, par nuit claire et par nuit sombre. Il est utile, en particulier, de familiariser le soldat avec le maniement, le chargement, le montage, le démontage et le nettoyage de ses armes dans l'obscurité.

EXERCICES DE COMBAT DE L'ÉQUIPE.

513. L'instruction de l'équipe comprend d'abord les exercices de l'instruction préparatoire individuelle repris collectivement, puis l'étude des procédés de marche et de combat particuliers à l'équipe de fusiliers et à l'équipe de voltigeurs.

Indépendamment de toute spécialisation, tous les combattants exécutent les exercices correspondant au combat de l'équipe de voltigeurs.

514. Les points à étudier sont :

1° La préparation et l'exécution du feu;

2° Les divers modes de progression, savoir :

— Bonds de grande amplitude (80 à 100 mètres), en toutes formations, exécutés au besoin au pas gymnastique. Utilisation du terrain à l'arrêt, sans considération d'alignement ni d'intervalles.

— Bonds rapides à toutes jambes, jusqu'au couvert indiqué, par l'équipe entière ou même par de plus faibles fractions, dont chacune attend pour partir que la précédente ait gagné le couvert.

— Infiltration homme par homme, tous employant le même cheminement.

— Infiltration homme par homme, chacun choisissant son cheminement et gagnant à volonté le couvert indiqué.

— Traversée d'un barrage d'artillerie; conduite à tenir sous une brusque rafale d'artillerie.

Le choix entre ces divers procédés résulte des remarques suivantes :

— dans la zone des feux de l'artillerie, un espace découvert repéré peut se franchir en masse et par surprise, en escomptant que la rafale prévue arrivera trop tard; ou bien, au contraire, il se franchit par une infiltration lente, n'offrant jamais à l'adversaire que des objectifs insignifiants;

— sous les feux efficaces de l'infanterie, l'infiltration par très petites fractions est seule possible; sauf en terrain très couvert, il est dangereux que des hommes ou des fractions successives utilisent le même cheminement; s'il est impossible de se dissimuler complètement, il est préférable que les divers éléments apparaissent et disparaissent irrégulièrement en des points différents de la zone vue.

515. Les fautes que l'instructeur aura le plus habituellement à relever et à faire signaler par le feu de l'ennemi figuré sont les suivantes :

— utilisation insuffisante du terrain; préparation du bond perceptible à l'ennemi; départ non simultané dans une petite fraction qui doit bondir d'un seul élan; entassements; traînards.

516. L'instructeur démontre, d'autre part, l'importance qui s'attache aux prescriptions ci-après :

— profiter du feu des équipes voisines, des mitrailleuses ou de l'artillerie pour avancer;

— s'éparpiller pendant la course, se rallier au chef derrière les couverts;

— surveiller l'objectif sur lequel on marche, et *tirer le premier* dès qu'un adversaire se montre;

— marcher sur l'ennemi qui disparaît derrière un obstacle; le tenir sous la menace du coup de fusil s'il tente de se montrer de nouveau, l'aborder à la baïonnette;

— si l'on n'a pas d'ennemi directement opposé, aider ses voisins en attaquant de flanc ou à revers la résistance qui les arrête;

— franchir, sans y descendre, les tranchées qui ne constituent pas le terme du bond prescrit;

— chercher à découvrir les secteurs privés de feux et les vides de la ligne adverse; les utiliser pour continuer à avancer vers l'objectif.

EXERCICES DE COMBAT DU GROUPE DE COMBAT.

517. Les exercices de combat du groupe de combat constituent à la fois la meilleure préparation au combat des unités plus fortes et l'aboutissement de l'instruction individuelle du soldat.

Cette instruction est complète lorsque l'homme est parfaitement instruit dans le rôle particulier qui lui est attribué, quand il sait le remplir en union avec ses camarades de combat et quand il est, en outre, capable de suppléer l'un quelconque des autres combattants du groupe.

518. La série des exercices de combat embrasse toutes les formes possibles de l'emploi du groupe de combat; *ces exercices sont poursuivis ou repris pendant tout le cours de l'année d'instruction.*

L'instructeur fait notamment étudier :

— la *marche d'approche* : formations variables adaptées à la situation et au terrain; approche de jour, de nuit, au crépuscule, sous bois, longues marches en ordre sur un terrain de parcours difficile; ralliements et déploiements successifs, selon les couverts rencontrés; repérage et conservation de la direction, etc.;

— la *progression au cours de l'attaque* : marche par bonds, exploitation des effets du feu pour avancer (feux du groupe, des groupes voisins, des mitrailleuses, des chars, de l'artillerie, des avions); neutralisation immédiate, par des concentrations de feu, des organes adverses qui se révèlent, franchissement des défenses accessoires incomplètement détruites; recherche et exploitation des vides de la ligne adverse;

— la *manœuvre débordante* pour faire tomber une résistance locale; rôles respectifs et combinaison des efforts des fusiliers, grenadiers-voltigeurs, grenadiers V. B.; coopération des mitrailleuses aux concentrations de feu ordonnées;

— *l'assaut* et le *combat corps à corps* : grenade, baïonnette, etc...;

— *l'occupation immédiate d'un terrain conquis* : choix des emplacements les plus favorables pour battre le terrain en avant du groupe et flanquer les groupes voisins; placement des fusiliers, des voltigeurs; aménagement rapide et progressif de la position; repérage du terrain; recherche des liaisons; arrêts des contre-attaques ennemies (rôle du F. M., des grenades à main et du V. B.);

— la *conservation* ou la *reprise du contact* : recherche automatique du contact par le groupe; rôle et mode d'action du groupe (ou de l'équipe) détaché en *patrouille de contact*; reconnaître si un point est occupé;

— le *combat du groupe privé de son F. M.* : exécution et exploitation des feux individuels ou collectifs;

— le *combat du groupe en coopération avec un char de combat* : liaison avec le char; protection du char; exploitation des résultats obtenus par le char;

— *l'exécution d'un coup de main* par le groupe de combat;

— le *groupe de combat en petit poste*;

— le *groupe de combat en patrouille de sûreté ou de reconnaissance*;

— le *combat à la grenade* défensif ou offensif : place des lanceurs, leur protection par les fusiliers, leur ravitaillement; combat en terrain découvert, dans les tranchées; organisation et défense d'une barricade, opérations de nettoyage;

— le *ravitaillement du groupe de combat*.

519. Les *groupes de commandement* (du chef de bataillon, du capitaine) sont également exercés à la marche d'approche et à la progression au cours de l'attaque. L'instructeur leur enseigne à éviter l'entassement et à bien utiliser le terrain pendant la marche ou au cours des arrêts. Il rappelle que les groupes de commandement doivent rester prêts à faire usage de leurs armes et à intervenir éventuellement en cas de surprise.

520. Au cours des exercices de combat du groupe, l'instructeur inculque à chacun les notions de l'**ordre**, de la **discipline du rang**, du **ralliement au chef de groupe**, et de la **camaraderie de combat**.

Il insiste sur la nécessité d'une exacte **discipline du feu**. Il inculque dès le début l'idée de **concentration du feu** et fait observer que les tirs individuels seront très souvent exécutés en coopération avec les camarades les plus voisins, pour prendre la supériorité du feu sur l'ennemi.

Il favorise le développement de l'**initiative** de chaque soldat, tout en lui enseignant à l'exercer dans le cadre de la mission du groupe et des ordres déjà donnés par le chef de groupe. Il suppose parfois que tous les gradés sont mis hors de combat.

CHAPITRE III.

EXERCICES DE COMBAT DE LA SECTION ET DE LA COMPAGNIE.

—

EXERCICES DE COMBAT DE LA SECTION.

521. Les exercices de combat de la section ont pour but d'enseigner au chef de section :

— à coordonner l'action de ses groupes entre eux;

— à commander son unité en liaison avec des sections voisines poursuivant la même mission.

522. La section exécute les mêmes exercices de combat que le groupe, en y ajoutant l'étude de la marche et de l'emploi d'une section en réserve de compagnie.

L'attention de l'instructeur se porte tout spécialement sur les points suivants :

APPROCHE :

— échelonnement variable des groupes de combat en largeur et en profondeur selon les facilités de commandement, le terrain et la situation;

— conservation de la direction (emploi de la boussole); le cas échéant, changements de direction d'amplitude variable;

— traversée de zones battues par l'artillerie ou saturées de gaz; infléchissement de la marche pour les éviter;

— défilement à l'observation aérienne ennemie.

Attaque. Développement du combat :

— combinaison du mouvement et du feu; jeu des groupes dans la section pour assurer la continuité de la progression et la réduction des résistances; appui mutuel et spontané que se doivent les groupes de combat lorsque leur mission propre ne s'y oppose pas.

— modifications constantes du dispositif selon qu'il s'agit d'avancer ou de déployer l'intensité maximum de feu; retour à l'échelonnement en profondeur, dès qu'il est possible; nécessité d'éviter l'entassement et le mélange des groupes;

— désagrégation des résistances de l'ennemi, par infiltration hardie à travers les vides découverts dans le front adverse;

— continuation de la progression dans la direction indiquée après nettoyage sommaire du terrain conquis;

— combat de la section disposant d'un groupe de mitrailleuses; concentrations de feux;

— combat de la section en coopération avec des chars de combat;

— groupement éventuel des grenadiers V. B. de la section, pour préparer une attaque locale ou pour exécuter un barrage devant une contre-attaque ennemie.

Occupation et conservation du terrain :

— Conservation ou reprise du contact;

— choix et aménagement rapide de la meilleure position de tir;

— combinaison des feux des groupes de combat; préparation du tir;

— remise en ordre des groupes; rétablissement de l'échelonnement en profondeur;

— recherche des liaisons;

— ravitaillement de la section.

Sections en réserve :

— procédés de marche; maintien de l'échelonnement; liaison avec l'échelon précédent;

— protection par le feu des flancs des sections du 1ᵉʳ échelon;

— manœuvre pour réduire les résistances qui arrêtent certaines sections du 1ᵉʳ échelon; à la faveur du mouvement d'une section avancée qui couvre la manœuvre, rabattement d'une autre section sur le noyau de résistance pour le réduire

par enveloppement et concentration des feux (fig. 25); c'est,
pour des sections de 2ᵉ échelon, la manœuvre la plus pro-
ductive de résultats;

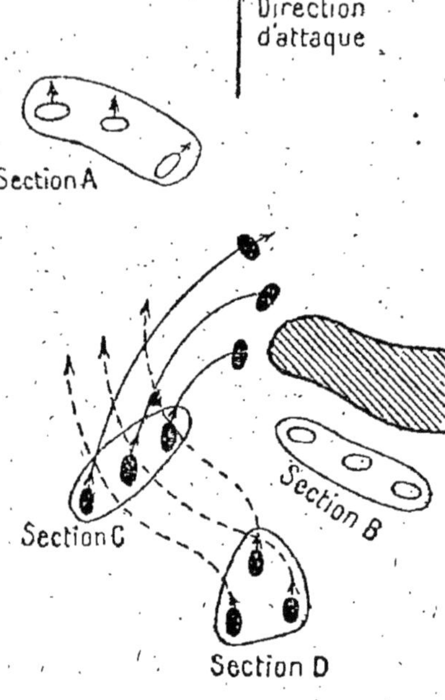

Fig. 25.

— intervention spontanée pour aider l'échelon précédent,
pour parer à une contre-attaque, pour combler le vide entre
deux unités n'ayant pas également progressé ou ayant laissé
un intervalle excessif se créer entre elles;

— nettoyage complet du terrain dépassé par les unités du
1ᵉ échelon.

523. Dans tous les exercices sont mis en évidence :

— le rôle et les devoirs des serre-files;

— la nécessité pour le chef de section de veiller constamment à la sûreté de son unité.

EXERCICES DE COMBAT DE LA COMPAGNIE.

524. Les exercices de combat de la compagnie ont pour but d'enseigner aux sections à poursuivre une mission commune dans le cadre de la compagnie. Ils montrent, d'autre part, comment le capitaine peut assurer, par le jeu des fractions de son unité, la *réduction des résistances*, la *continuité du mouvement* et la *durée des efforts*.

525. Les exercices à exécuter sont :

1° Ceux qui résultent de la combinaison des mouvements exposés plus haut pour la section avec les mouvements des sections voisines;

2° Ceux qui peuvent préparer la compagnie aux missions diverses qui lui seront attribuées dans le cadre du bataillon (n°° 463 et 503).

MITRAILLEUSES.

526. C'est en participant aux exercices de combat des compagnies de fusiliers-voltigeurs que les groupes et sections de mitrailleuses s'instruisent pour le combat (voir aussi n° 531).

Le chef de bataillon règle cette participation.

Les chefs de section et de groupe de mitrailleuses commandent leur unité, sous les ordres du commandant de la compagnie exercée. Ils alternent avec les officiers et gradés de cette compagnie pour le commandement des groupes éventuels formés par l'adjonction d'une unité de mitrailleuses (groupe ou section) à une unité de fusiliers-voltigeurs.

Sans s'immiscer dans la conduite des exercices dont il n'a pas la direction, le commandant de la C. M. surveille et contrôle les exercices de combat des unités de sa compagnie.

SECTION D'ENGINS D'ACCOMPAGNEMENT.

527. Les unités d'engins d'accompagnement participent aux exercices de combat par section, par groupe ou par équipe, d'après les mêmes principes que les unités de mitrailleuses.

CHAPITRE IV.

EXERCICES DE COMBAT DU BATAILLON.

528. L'importance des exercices de combat du bataillon résulte :

— de ce que le bataillon est l'unité tactique essentielle, base des combinaisons du commandement;

— de ce que son emploi met à la fois en action tous les moyens propres de l'infanterie (mitrailleuses, engins d'accompagnement) et l'aide des autres armes;

— de la possibilité de le constituer sur le pied de guerre avec les éléments tirés du régiment et de donner ainsi à l'instruction le caractère concret et réel qu'il est exceptionnel en temps de paix de pouvoir réaliser avec les unités supérieures;

— de ce que les exercices de combat des unités plus faibles sont avantageusement situés dans le cadre d'un exercice de bataillon (n° 469).

Il est donc essentiel que ces exercices soient aussi bien organisés que possible afin que l'orientation qu'ils déterminent soit décisive.

529. La progression des exercices comporte l'étude de l'emploi du bataillon de 1" et de 2° échelons, dans l'approche, dans l'attaque, dans l'exploitation du succès et dans la défense du terrain.

L'attention du directeur de l'exercice se porte tout particulièrement sur les points suivants :

APPROCHE :

— Dispositions variables selon que le bataillon est couvert par d'autres unités ou doit lui-même chercher le contact.

— Approche exécutée en terrain non aménagé.

— Approche exécutée sur un terrain d'attaque aménagé, organisation et discipline de la marche dans les boyaux;

— Sûreté du bataillon pendant l'approche; fonctionnement de l'avant-garde; protection contre les vues et les attaques aériennes.

— Franchissement de barrages, de zones repérées par l'artillerie ennemie, de parties de terrain infectées de gaz (bois, bas-fonds, ravins encaissés).

Attaque :

— Ordre d'attaque; conception de manœuvre; répartition des missions (fixation des « objectifs » complétant l'indication de la « direction »); ordre complet; ordre de combat plus sommaire;

— Dispositifs : débouché d'une base de départ, ou transformation progressive d'un dispositif d'approche en dispositif d'attaque.

Développement du combat :

— Appui à donner aux compagnies engagées;

— Emploi des mitrailleuses, des engins d'accompagnement, des chars de combat; aide à demander à l'artillerie d'appui direct et à l'artillerie d'accompagnement; barrages roulants ou concentrations de feux.

Place et emploi des réserves de bataillon :

— Leur place au début et pendant l'action; orientation primitive conforme à l'idée de manœuvre et aux prévisions d'emploi; ultérieurement, recherche et utilisation de couloirs privés de feux ou moins violemment battus; orientation vers les zones où la progression s'accentue; maintien de l'échelonnement et de l'articulation; nécessité pour les unités en réserve de se tenir constamment prêtes à l'action, mais de ne pas s'engager sans ordre, sauf urgence exceptionnelle;

— Emploi des unités en réserve : renforcement des unités engagées ou, plus avantageusement, manœuvre pour réduire des résistances ou exploiter un succès; sûreté des unités engagées, notamment sur leurs flancs; arrêt des contre-attaques adverses; rétablissement de la continuité du front entre deux unités voisines n'ayant pas également progressé ou s'étant resserré sur leur centre; maintien de l'attaque dans la direction assignée, si les compagnies de premier échelon ont été détournées de cette direction par le développement du combat; relève des unités engagées; passage de ligne; nettoyage complet des zones dépassées par les échelons précédents, etc.

Mesures à prévoir pour se reconstituer des réserves.

Ravitaillement au cours de la progression.

Évacuation des blessés et des prisonniers.

Défense contre avions et contre chars de combat.

Exploitation du succès :

— Conservation du contact.

— Dispositifs à adopter pour la continuation du mouvement, variables selon les renseignements que fournit le contact.

— Mesures assurant la liaison et la sûreté, sans entraver ni retarder la marche du bataillon.

Occupation et conservation du terrain :

— Reconnaissance rapide par le chef de bataillon du terrain à défendre, du terrain en avant et des premières dispositions prises par les compagnies engagées : remaniement éventuel et coordination de ces dispositions.

— Si l'arrêt se prolonge, choix de la *position de résistance du bataillon* (si elle n'a pas été fixée par l'autorité supérieure); organisation de la défense; répartition et échelonnement des forces; échelon d'avant-postes, maintenu au contact; échelon de résistance, combinaison de cette organisation avec celles des unités voisines; plans de feux; détermination et exécution progressive des travaux à effectuer; utilisation du génie.

— Liaisons de commandement et de renseignements (n° 19); vérification des transmissions; organisation de l'observation.

— Regroupement, reconstitution et ravitaillement des unités du bataillon.

— Adaptation progressive des premières mesures d'occupation du terrain, à une stabilisation prolongée (récupération d'unités du premier échelon; augmentation de l'échelonnement en profondeur; organisation de points d'appui et de centres de résistance; revision et amélioration du plan de feux, des liaisons, des transmissions, du ravitaillement, etc.); assainissement des abris et des couverts infectés.

— Evacuation momentanée d'une portion de la position de sûreté pour éviter un coup de main ou pour permettre des tirs rapprochés; réoccupation.

— Conduite de la défense en cas d'attaque; maintien ou rétablissement du réseau de feux partiellement désorganisé par l'ennemi; contre-attaques immédiates. Rôle des différents échelons dans la défensive.

Bataillons en réserve :

— Echelonnement et articulation.
— Reconnaissances et liaisons du chef de bataillon.
— Garnison fournie à la base de départ d'une attaque.
— Formes diverses d'engagement; passage de ligne.

Constitution de groupements éventuels :

— Détachements ayant des missions de sûreté (notamment flancs-gardes de liaison) ou de reconnaissance; nettoyeurs; ravitailleurs, etc.

530. Dans le cas où le thème de l'exercice prévoit l'affectation au bataillon d'une artillerie d'accompagnement, le commandant de cette artillerie est représenté auprès du chef de bataillon par un des officiers adjoints au directeur.

L'agent de liaison du *détachement de liaison* envoyé par l'artillerie d'appui direct est toujours représenté.

Il est avantageux, quand on le peut, de confier ces fonctions à des officiers et gradés d'artillerie (n° 473).

531. C'est dans les exercices du bataillon que les unités de mitrailleuses, la section d'engins d'accompagnement et les unités de chars de combat s'instruisent le mieux de leur rôle au combat.

Le directeur de l'exercice met en lumière la façon dont les unes et les autres doivent être employées afin d'en instruire les officiers et les gradés étrangers à ces spécialités.

532. Les transmissions de toute nature sont étudiées à fond. Le service des agents de liaison, observateurs, signaleurs, téléphonistes, radio-télégraphistes, coureurs, éclaireurs montés, fonctionne intégralement.

CHAPITRE V.

EXERCICES DE COMBAT DU RÉGIMENT ET DE L'INFANTERIE DIVISIONNAIRE.

LE RÉGIMENT.

533. Le Chef de corps a la responsabilité pleine et entière de l'instruction des officiers, gradés et hommes de son régiment. Il en est l'instructeur en chef. Il s'assure personnellement que les règlements et les dispositions concernant l'instruction sont connus et appliqués.

Il établit le programme annuel des conférences, travaux, exercices sur la carte et sur le terrain, de manière à assurer l'étude, dans un ordre logique, des différentes parties du règlement et à mettre en évidence les idées fondamentales qui y sont contenues. Chacun des thèmes généraux qu'il choisit doit avoir pour objet essentiel l'étude d'une de ces idées. Les thèmes successifs s'enchaînent dans l'ordre établi par le programme.

Afin que l'instruction soit bien orientée et l'unité de doctrine assurée, le colonel soumet son programme d'ensemble et ses thèmes généraux au commandant de l'Infanterie divisionnaire. Il se fait présenter les programmes et les thèmes établis en conséquence par les chefs de bataillon (n° 30 de la 1re partie).

Les exercices des unités subordonnées sont toujours organisés et exécutés dans le cadre de ces thèmes (n° 484).

534. En garnison, les exercices de régiment ne peuvent être, faute d'effectifs suffisants, que des exercices de cadres avec ou sans troupe (n° 464). En outre, les champs de tir habituels se prêtent rarement à l'organisation d'exercices de combat avec tirs réels.

Il y est remédié en faisant séjourner le régiment, chaque année, à partir de l'époque où les recrues sont mobilisables, dans un camp permanent ou aménagé. Toutes les parties de l'instruction qui n'ont pu être données dans la garnison y sont assurées, en profitant de la présence simultanée dans le camp d'autres régiments d'infanterie, d'unités de chars de combat, et de corps d'autres armes, particulièrement d'artillerie.

535. Le directeur d'un exercice de régiment s'attache spécialement aux points suivants :

PRÉPARATION DU COMBAT.

— Élaboration et rédaction des ordres; idée de manœuvre — coopération avec les autres armes.

— Préparation matérielle du régiment; approvisionnement initial en munitions, en vivres et en matériel; ravitaillements; service de santé; constitution de groupements éventuels; mise au point des liaisons et des transmissions; constitution d'une réserve de cadres, etc

DÉVELOPPEMENT DU COMBAT.

— Nécessité et possibilité pour le colonel de conduire jusqu'au bout le combat de son régiment.

— Aide à assurer aux bataillons engagés : sécurité de leurs flancs, *appui d'artillerie*, ravitaillements.

— Emploi des réserves; mécanisme du renforcement; protection d'un flanc découvert; redressement d'une direction de marche erronée; engagement d'une unité de réserve dans un intervalle se produisant fortuitement; exploitation du succès des bataillons engagés; manœuvres combinées avec l'action des bataillons de première ligne; passages de ligne; mesures tendant à reconstituer les réserves employées.

L'INFANTERIE DIVISIONNAIRE.

536. Le commandant de l'Infanterie divisionnaire assure, sous la direction du général de division, l'instruction technique et tactique des troupes d'infanterie de la division.

Il parvient en particulier à ce résultat en remplissant, aussi souvent que possible, les fonctions de directeur (n° 465) dans les exercices des régiments sous ses ordres. Il assure dans les corps une complète unité de doctrine et s'efforce d'y développer la compréhension exacte des prescriptions réglementaires.

537. Les exercices de combat de l'Infanterie divisionnaire rentrent dans le cadre des manœuvres de la division. Ils ne peuvent généralement être exécutés que dans les camps ou au cours des grandes manœuvres.

La division effectue chaque année un séjour de quinze jours au moins dans un camp d'instruction; chaque fois qu'on le peut, ce séjour suit immédiatement celui que doivent y faire les corps qui en font partie.

Les manœuvres exécutées permettent d'étudier la répartition des tâches entre les régiments, les combinaisons susceptibles de les faire agir en vue de la mission de la division et, également, le mécanisme de l'appui assuré à l'infanterie par l'ensemble de l'artillerie de la division.

ANNEXE VII.

INSTRUCTION EN CAMPAGNE.

538. Le chef d'une troupe en campagne est son instructeur permanent et responsable.

En toutes circonstances, il a le devoir de poursuivre l'instruction de son unité.

Cette obligation se justifie :

— par la nécessité de maintenir la connaissance des prescriptions réglementaires et la cohésion, sans cesse diminuées par le renouvellement des hommes et des cadres;

— par la mise en service d'engins nouveaux amenant à modifier sur quelques points les dispositifs usuels d'attaque et de défense;

— par la mise en pratique, du côté de l'ennemi, de procédés tactiques imposant l'étude de parades appropriées.

Toutefois, du fait que les unités sont composées de soldats et de cadres déjà instruits, rompus pour la plupart aux réalités du combat, animés en outre de cet esprit de corps qui survit aux pertes les plus sévères, le but à atteindre est limité et reste compatible avec les conditions de la vie en campagne.

539. La nature des exercices est adaptée aux circonstances et à la situation dans laquelle se trouve l'unité :

1° *En secteur*, au cours d'une période de stabilisation, la préférence est donnée au perfectionnement technique individuel du combattant et à l'instruction des cadres. Le terrain situé au delà des avant-postes peut être avantageusement utilisé comme champ de tir.

2° *Dans chaque unité au repos*, on s'attache surtout à rétablir la cohésion en pratiquant l'instruction collective des petites unités en vue du combat. La majeure partie du temps disponible est consacrée aux exercices de combat du groupe et de la section, dans le cadre d'un exercice de bataillon organisé comme il a été dit au n° 484. L'instruction des cadres est perfectionnée.

3° *Dans les camps d'instruction*, quelques exercices avec troupe, préparés par des exercices de cadres, sont consacrés au combat du bataillon et du régiment. On en profite pour reprendre ensuite l'instruction de détail du groupe, de la section et de la compagnie, dans le cadre des exercices d'ensemble exécutés.

540. Il est indispensable de procurer à une troupe momentanément retirée de la bataille un repos effectif physique et moral. Chaque chef doit donc prendre garde de ne surmener ni les cadres ni la troupe; ce n'est pas le nombre et la longueur des exercices de combat qui importent, c'est leur à-propos et la manière dont ils sont préparés, conduits et exécutés.

Le Commandement supérieur favorise l'instruction poursuivie dans les unités. Les relèves des troupes employées en première ligne ou aux travaux sont, autant qu'il se peut, réglées de façon que le tiers des effectifs soit à l'instruction, que les unités soient au moins des bataillons et qu'elles y soient maintenues une semaine et davantage si possible.

Toutes les facilités, tous les moyens matériels nécessaires, sont d'autre part assurés aux unités : champs de tir et terrains aménagés; coopération des autres armes; munitions pour les tirs d'instruction; cartes, plans, reliefs, artifices divers, etc.

541. Certains enseignements qui exigent quelque continuité ne peuvent être donnés que dans des *unités spéciales d'instruction*. Telles sont, en particulier : la formation des cadres (officiers et troupe), celle des combattants d'élite et des spécialistes (en particulier pour la mise en œuvre des engins nouveaux), la mise au point de l'instruction des jeunes soldats et hommes de renfort.

Cet enseignement spécial est, pour une large part, donné au **centre d'instruction divisionnaire**. Le commandement supérieur détermine, suivant les circonstances, les conditions dans lesquelles les cours y sont organisés.

542. Les exercices physiques doivent faire partie de l'instruction dans toutes les circonstances envisagées ci-dessus.

En particulier, le foot-ball, indépendamment de son importance au point de vue physiologique, développe toutes les qualités d'activité, de solidarité et d'initiative qui sont essentielles au combat.

ANNEXE VIII.

MARCHES SUR ROUTES.

VITESSE DE MARCHE.

543. L'infanterie marche sur route à la vitesse moyenne de 4 kilomètres à l'heure, soit 1 kilomètre environ en 12 minutes, en tenant compte de la halte horaire de 10 minutes. Une petite colonne marchant isolément peut soutenir une allure de 4 kilom. 500. Lorsque les conditions sont défavorables (obstacles, chaleur, encombrement, etc.) ou lorsque la marche est effectuée de nuit, la vitesse est d'autant plus réduite que la colonne est plus longue. Elle peut descendre au-dessous de 4 kilomètres à l'heure.

FORMATION DES COLONNES.

544. Pour éviter autant que possible l'allongement d'une colonne, on la fractionne en **unité de marche**, chacune d'elles marchant pour son compte à une allure bien réglée et commençant sa halte exactement à l'heure indiquée, pour repartir de même.

L'unité de marche est le bataillon : lorsque sa tête est arrêtée pour la halte horaire, ses divers éléments reprennent leur distance s'ils l'ont perdue.

Par exception à ce qui précède, si un bataillon a pris sur le précédent une distance excédant de plus de 100 mètres sa distance réglementaire, son chef le fait marcher quelques instants de plus pour lui faire reprendre sa place.

Le commandant de la colonne règle, dans l'ordre de mouvement, la place de chaque régiment ou unité formant corps, l'heure de son passage au point initial de la colonne, le groupement des voitures et la marche des convois.

Le colonel indique l'ordre de marche des bataillons, la place de la C. H. R. et de la musique, la distance à prendre entre les bataillons (au minimum 50 pas), le point initial du régiment et l'heure de passage à ce point de la tête de chaque bataillon et de la C. H. R. (si cette dernière n'est pas rattachée pour la marche à un bataillon).

Chaque bataillon se forme en colonne de route comme il est prescrit aux n°° 312 et 318 de la 1° partie.

Il est laissé réglementairement 15 pas derrière les tambours et clairons, 10 pas derrière le groupe de commandement et derrière chaque compagnie du bataillon. Les cyclistes et les chevaux marchent dans les espaces ainsi ménagés.

Lorsque le bataillon ou le régiment marchent isolément, ces distances peuvent être augmentées pour donner plus d'aisance à la troupe.

Exceptionnellement, il peut être prescrit une distance entre les sections.

Chaque compagnie de fusiliers-voltigeurs prend à tour de rôle la tête du bataillon. Le capitaine fait de même alterner les sections dans la compagnie.

La compagnie de mitrailleuses est toujours en queue du bataillon.

Les places des officiers et des gradés sont fixées aux n°° 265, 300 et 318 de la 1° partie.

EXÉCUTION DE LA MARCHE.

545. *Le départ n'est jamais retardé.*

Si le chef d'une troupe n'est pas présent à l'heure où celle-ci doit partir, son suppléant la met en marche.

Point initial.

546. Le régiment se forme par le passage au **point initial** des unités de marche successives.

Dans chaque unité de marche, le chef de bataillon donne généralement un premier point initial. En principe, il n'y a pas de rassemblement préparatoire pour les unités au-dessus de la compagnie.

La compagnie se rassemble à son « point de ralliement » qui est, sauf indication contraire, celui où elle a rompu les rangs la veille (n° 563).

Une troupe qui arrive en avance à un point initial est mise au repos en deçà de ce point, *en dégageant complètement les routes.*

Discipline de marche.

547. Les hommes marchent au pas de route. Les serre-files et les officiers veillent à ce que chacun se tienne rigoureusement à sa place réglementaire, en particulier à sa distance. Les armes ne doivent jamais être portées de façon à gêner le voisin ou à faire saillie en dehors du rang.

Tout cri de *Marche, Halte, A droite, A gauche* est interdit. Seuls, les officiers ou les chefs de section peuvent, le cas échéant, faire entendre un commandement.

L'autorisation exceptionnelle de quitter momentanément les rangs est donnée par les chefs de section.

Un homme malade ne peut rester en arrière que muni d'un billet du capitaine qu'il présente au médecin, à la queue du bataillon.

La troupe suit très exactement le côté droit de la route, sans toutefois que la file de droite ait à marcher en dehors de la voie empierrée ou battue. Dans tous les cas, il doit être maintenu à gauche de la chaussée un passage constamment libre et suffisamment large pour qu'un cavalier ou un cycliste puisse doubler la colonne à vive allure sans être obligé de faire appuyer à droite; les officiers qui se déplacent le long de la colonne pour surveiller leur unité font en sorte de n'être pas eux-mêmes un obstacle.

Haltes horaires.

548. La **halte horaire** a lieu, en principe, à l'heure 50.

Si, exceptionnellement, on ne peut se conformer à cette règle, le commandant de la colonne fixe l'heure de la première halte. Les montres sont réglées avant le départ.

549. Les commandements relatifs aux haltes horaires sont faits avec la corne et le sifflet.

Deux minutes avant l'heure de la halte, le chef de bataillon fait reprendre le pas cadencé, l'arme à la bretelle. Les compagnies appuient le plus possible à droite et rectifient leurs distances intérieures.

A l'heure précise, le chef de bataillon fait avec la corne le signal d'arrêter (n° 52). Le capitaine de la compagnie de tête siffle immédiatement pour commander l'arrêt (un coup long et un coup bref); les autres capitaines arrêtent pour leur compte lorsque leurs compagnies ont leur distance. Les hommes mettent d'eux-mêmes l'arme au pied, forment, s'il y a lieu, les faisceaux d'armes et de sacs et rompent les rangs. Ils se reposent sur le côté droit de la route, à moins que ce côté ne soit bordé de murs ou de haies; dans ce cas, les chefs de section indiquent à leurs hommes un emplacement de repos. Tout le monde dégage la route. Les chevaux de selle sont tenus dans les intervalles de la colonne, sur le côté droit de la route, la tête face au côté libre de celle-ci.

A l'heure précise (10 minutes après l'arrêt de la compagnie de tête) le signal GARDE A VOUS est fait par le chef de bataillon et répété par les capitaines : la colonne se reforme sac au dos, l'arme à la bretelle. Au signal *En avant*, MARCHE, répété de même, chaque compagnie part au pas cadencé. Au bout d'une ou deux minutes ou, le cas échéant, après que les tambours et clairons ont terminé leur reprise par la sonnerie *Aux champs en marchant*, un nouveau coup de sifflet est donné pour faire reprendre le pas de route.

Grand'halte.

550. Lorsqu'il est fait une **grand'halte**, son emplacement et la formation à prendre sont indiqués à l'avance. Si l'heure du départ n'a pu être donnée dès le début de la grand'-halte, une sonnerie de clairon, réduite souvent à un coup de langue, a lieu dix minutes avant la mise en route.

Il est interdit de quitter l'emplacement de la grand'halte sans faire partie d'une corvée régulière.

Traversée des localités.

551. A l'entrée d'une localité de quelque importance, le pas cadencé est repris comme pour la halte horaire. Si le chef de bataillon veut faire mettre l'arme sur l'épaule, il l'ordonne au chef de section de tête, les autres font exécuter le mouvement en arrivant à l'emplacement où la section de tête l'a exécuté. Les officiers reprennent les places fixées pour la colonne par trois. Les tambours et clairons battent et sonnent.

Le pas de route est repris par compagnie, chaque compagnie quittant le pas cadencé au même point que la compagnie de tête ou à la sortie du village.

Si la traversée de la localité doit durer longtemps, le chef de bataillon peut faire traverser les faubourgs sans cadence, l'arme à la bretelle. Les petites localités peuvent être traversées au pas de route, surtout s'il s'en rencontre fréquemment sur le parcours suivi.

Itinéraire.

552. Toute colonne d'un bataillon et au-dessus doit être précédée d'un officier ou sous-officier orienteur, chargé de guider la troupe suivant l'itinéraire prescrit sous la responsabilité du commandant de la colonne.

Chaque élément d'une longue colonne doit se relier à la vue ou par une chaîne de jalonneurs à l'élément précédent pour éviter de perdre l'itinéraire.

Cette précaution est particulièrement nécessaire la nuit, par temps de brouillard, sous bois ou dans la traversée d'une localité.

Tout élément qui déboîte de la colonne est tenu d'en informer l'élément placé derrière lui, afin que celui-ci ne risque pas de le suivre.

Détachement de police.

553. Il est constitué à la suite de chaque corps un **détachement de police** chargé de surveiller les traînards, de leur faire rejoindre leur unité dès que possible ou de les confier au médecin.

Ce détachement est distinct de l'arrière-garde, s'il en est formé. Il marche à 50 pas environ derrière le dernier élément à pied de la colonne.

Il est fourni par la dernière compagnie de fusiliers-voltigeurs de la colonne et se compose pour un bataillon isolé, d'un groupe de combat et pour un régiment, d'une section. Il lui est adjoint 1 ou 2 cyclistes.

Les hommes en prévention de conseil de guerre qu'il est nécessaire d'isoler marchent sous l'escorte du détachement de police qui les remet à l'arrivée à la garde de police. Ils sont confiés à la prévôté le plus tôt possible.

554. Les malades et les blessés, groupés au départ, sont transportés par les automobiles des sections sanitaires ou par voie ferrée. Pendant l'étape, ils sont recueillis en un ou deux points de l'itinéraire fixés d'avance, où ils sont groupés par les moyens du régiment. Selon leur état, les sections sanitaires les conduisent au cantonnement suivant ou procèdent à leur évacuation.

Voitures.

555. L'ordre de mouvement fixe la place des voitures dans la colonne.

Selon les ordres donnés, les trains de combat suivent leur bataillon en totalité ou en partie. Ils peuvent former une unité de marche spéciale derrière le régiment où être groupés par brigade ou par division. Toutes les fois que c'est

possible, ils précèdent la colonne ou suivent un itinéraire
différent pour dégager les troupes et faciliter leur marche;
la colonne des voitures marche, dans ce cas, sans halte
horaire et à l'allure naturelle des chevaux, ce qui diminue
leur fatigue.

Les trains régimentaires reçoivent des ordres particuliers
et sont généralement placés sous les ordres d'un officier
désigné dans la division.

Troupes qui se rencontrent.

556. En principe, une troupe en marche ne doit pas être
coupée par une autre. Loin de l'ennemi, quand deux colonnes se croisent, la colonne commandée par l'officier le plus
élevé en grade, ou le plus ancien s'ils sont de même grade,
passe de droit la première. Près de l'ennemi, le même officier prend une décision sous sa responsabilité, après un
examen rapide de la mission des deux troupes.

Une troupe qui en trouve une autre arrêtée passe la première si l'ancienneté de son chef lui en donne le droit ou
si l'autre, ayant le droit de marcher, renonce à en user immédiatement.

Dans tous les cas, la colonne qui passe la première est
suivie de son train de combat. Elle laisse en arrière son
train régimentaire qui ne reprend sa marche qu'après le
train de combat, mais avant le train régimentaire de la
deuxième colonne.

Une troupe qui veut en croiser une autre sans attendre
que celle-ci soit écoulée, peut profiter des intervalles pour
traverser au pas gymnastique en formations denses.

Honneurs.

557. Il n'est rendu d'honneurs ni pendant les marches, ni
pendant les haltes.

Cependant, lorsque le chef de bataillon, le colonel ou les
généraux se présentent pour la première fois de la journée
devant leur troupe, le pas cadencé est repris, l'arme à la
bretelle; si les rangs sont rompus, il est commandé Garde
a vous sur place, sans rassemblement. Ces mouvements sont
faits par section ou par compagnie.

Apparition d'un avion ennemi.

558. A l'apparition d'un avion inconnu, la troupe, si elle
est en marche, appuie, si possible, sous une ligne d'arbres
ou à l'ombre d'un mur, ou même s'arrête.

Arrêtée, elle garde une immobilité absolue.

Dans la zone où les attaques d'avions volant bas sont à craindre, un groupe de mitrailleuses par bataillon est désigné d'avance et se tient constamment prêt à tirer, pendant la marche comme pendant les haltes. Les tirailleries individuelles sur les avions sont formellement interdites.

ANNEXE IX.

STATIONNEMENT.

CANTONNEMENTS. — BIVOUACS. — CAMPS. STATIONNEMENT SUR UNE POSITION ORGANISÉE AU CONTACT DE L'ENNEMI.

CANTONNEMENTS.

Campement.

559. On appelle **campement** le personnel chargé de reconnaître et de préparer un cantonnement ou un bivouac.

Il se compose :

— par régiment,

du capitaine adjudant-major et du médecin du bataillon de jour;
d'un cycliste;
des adjudants de bataillon.

— par compagnie,

du fourrier;
d'un cycliste;
du caporal d'ordinaire et de deux hommes de corvée.

La garde de police marche habituellement avec le campement.

560. Lorsque plusieurs corps de troupe doivent occuper un même cantonnement vide de troupes, l'ensemble des campements est commandé par l'officier le plus ancien. Si un quartier général fait partie des troupes à cantonner, le commandement appartient, à grade égal, à l'officier d'état-major qui commande le campement de ce quartier général.

Répartition du cantonnement.

561. Le commandant du campement procède tout d'abord à la répartition de la localité entre les différents corps.

Un secteur distinct est affecté à chaque quartier général et à chaque corps de troupe ou fraction de corps. A l'intérieur des corps, des secteurs sont attribués à chaque bataillon et a chaque compagnie.

L'autorité qui attribue un secteur à une unité peut en excepter certains locaux (chambres, bureaux, popotes, etc.) qu'elle affecte à des unités ou services ne possédant pas dans leur secteur propre les ressources nécessaires.

Autant que possible, les deux côtés d'une rue sont affectés à la même unité.

Les officiers sont cantonnés le plus près possible de leur troupe, les états-majors à proximité de leurs bureaux.

562. Lorsque des troupes à pied et à cheval occupent la même localité, le commandement du campement peut être amené, pour utiliser toutes les places, à cantonner dans une même agglomération (ferme, usine, château, etc.) des hommes et des chevaux appartenant à deux unités ou corps différents. Dans ce cas, il affecte l'agglomération entière à l'une des unités en lui donnant la charge d'y installer un nombre déterminé d'officiers, d'hommes et de chevaux de l'autre unité.

Préparation du cantonnement.

563. Le chef du campement, accompagné du médecin, précède le campement et se rend à la mairie pour répartir le cantonnement.

La plupart des cantonnements sont préparés d'avance soit par la municipalité, soit par un major de cantonnement désigné à cet effet.

Si le travail n'a pas été fait, le chef du campement se fait présenter le **plan cadastral** ainsi que **l'état des ressources de la commune**, et procède avec le maire à une répartition provisoire. Il fait ensuite une reconnaissance rapide de la localité et arrête définitivement la répartition du cantonnement.

Le chef du campement d'un corps de troupe répartit son secteur entre la C. H. R. et les bataillons. Il affecte à la

C. H. R. les locaux nécessaires pour loger l'état-major du régiment. Il reconnaît l'emplacement du parc, celui de la garde de police et, pour le cas d'alerte, un lieu de rassemblement du régiment, en dehors de la localité.

Il réserve, d'accord avec le médecin, le nombre de maisons et de lits nécessaires aux malades et aux blessés et détermine les mesures d'hygiène à prendre.

Dès leur arrivée, les campements sont dirigés sur le secteur de leur unité. Les gardes de police s'installent et placent des sentinelles aux points où il y a des consignes particulières à faire exécuter.

Les adjudants de bataillon répartissent entre les compagnies le secteur affecté à leur bataillon; ils réservent les logements du chef de bataillon et du groupe de commandement du bataillon. Les fourriers reconnaissent les maisons dans les parties du cantonnement qui leur sont assignées, en évaluent la contenance et en indiquent l'affectation au moyen d'écriteaux mobiles, sans faire d'inscriptions mentionnant le numéro du régiment.

Les adjudants de bataillon reconnaissent, pour le cas d'alerte, un emplacement de rassemblement pour le bataillon en dehors de la localité. Les fourriers déterminent le **point de ralliement** de la compagnie, au centre du cantonnement de la compagnie, en évitant d'encombrer les voies de communication.

La préparation du cantonnement terminée en ce qui le concerne, le chef du campement dresse un tableau des renseignements qu'il est utile de communiquer à la troupe et se porte en personne à la rencontre du chef de corps pour lui donner les éléments de l'ordre de cantonnement.

Dès que les fourriers ont fixé le point de ralliement de leur unité, ils envoient le cycliste au devant d'elle pour l'y conduire sans retard; elle attend en ce point, s'il y a lieu, que le secteur de la compagnie soit complètement reconnu et réparti. Si ce travail est achevé avant l'arrivée de la compagnie, le fourrier se porte également au devant d'elle.

Installation au cantonnement.

564. La troupe entre dans la localité dès qu'elle a les renseignements nécessaires pour que chaque compagnie puisse être conduite sans erreur à son point de ralliement. Toutes les mesures doivent être prises pour éviter les stationnements inutiles à l'extérieur. **L'ordre de cantonnement** est dicté sans tarder et lu aux compagnies, si possible, avant qu'elles ne soient dispersées.

En tout cas, les consignes relatives aux avions, les dispositions à prendre en cas de bombardement de jour ou de nuit sont portées à la connaissance de tous.

Le drapeau est conduit au logement du colonel (Annexe I).

Selon les ordres donnés, les prisonniers sont gardés par leurs compagnies ou enfermés dans un local surveillé par la garde de police.

Après une inspection rapide du cantonnement, un **compte rendu d'installation** est envoyé d'urgence par chaque capitaine et chaque chef de bataillon à son chef immédiat. Chaque chef vérifie le fonctionnement de ses transmissions.

Cantonnement déjà occupé par d'autres troupes.

565. Les règles qui précèdent s'appliquent à la préparation d'un cantonnement vide de troupes.

Lorsqu'une troupe vient cantonner dans une localité déjà partiellement occupée, le chef de campement s'adresse au **commandant du cantonnement** qui est en fonctions à son arrivée. Celui-ci prend toutes mesures utiles pour assurer à la colonne qui arrive une installation immédiate. Il lui attribue la part des ressources en cantonnement qui lui revient, eu égard à son effectif par rapport à l'effectif total. Il ordonne à cet effet les déplacements et resserrements nécessaires.

S'il est d'un grade ou d'une ancienneté moindre que le commandant de la colonne, il va au devant de lui, lui soumet les dispositions prises et se met à ses ordres pour lui passer le commandement et les consignes du cantonnement.

Dans le cas contraire, le commandant de la colonne se présente au commandant du cantonnement dès l'arrivée de la troupe.

566. Lorsque toutes les parties d'un cantonnement sont occupées par une troupe qui y fait un séjour prolongé et qu'il arrive une autre troupe qui ne doit y passer qu'une nuit, il peut être décidé de cantonner cette dernière **par superposition**, en déplaçant le moins possible les premiers occupants. Ceux-ci se resserrent dans leurs locaux mêmes et les partagent avec les petites fractions des arrivants qui y sont envoyées. On facilite cette opération en faisant correspondre deux à deux des unités ou services de même nature.

Le cantonnement par superposition peut encore être ordonné dans une localité déjà occupée à plein et où il faut cependant mettre une unité de plus, ou bien lorsque l'heure tardive à laquelle une troupe arrive inopinément ne permet pas de procéder à une installation régulière.

Cantonnement d'alerte.

567. En **cantonnement d'alerte,** on n'utilise que des locaux permettant un débouché rapide; les portes restent ouvertes, les hommes couchent habillés et équipés; les officiers se tiennent avec leurs hommes, tout le monde est prêt à se porter vivement au point de ralliement.

Les lumières sont éteintes ou soigneusement masquées.

Cantonnement-bivouac.

568. Chaque unité utilise aussi complètement que possible les locaux mis à sa disposition; les fractions qui ne peuvent s'abriter sous un toit bivouaquent dans les cours ou jardins attenants ou à proximité; les routes et chemins doivent être laissés entièrement libres.

BIVOUACS ET CAMPS.

Bivouacs.

569. Les bivouacs doivent être établis à l'abri des vues de l'ennemi, sur des terrains secs offrant des débouchés commodes, à portée de ressources en eau.

Les bois sont de bons emplacements de bivouac lorsque la circulation y est facile.

570. La préparation d'un bivouac et l'installation des troupes s'effectuent dans les mêmes conditions que pour un cantonnement, sauf en ce qui concerne les points suivants :

Le terrain affecté aux différents corps est nettement délimité et jalonné par les soins du commandant de campement.

La compagnie bivouaque dans une des formations énumérées aux n°° 296 à 299 de la première partie. Les sections forment les faisceaux en colonne par 3. Les hommes se couchent à droite et à gauche des faisceaux, les sous-officiers en tête. En vue de diminuer la vulnérabilité aux bombes d'avion, les sections sont espacées entre elles autant que le permet l'étendue du terrain attribué à la compagnie. Les officiers se groupent au centre de la compagnie. Les cuisines sont installées à l'abri des vues aériennes.

Pour les bivouacs des unités supérieures, les compagnies sont disposées les unes par rapport aux autres soit en colonne, soit en ligne, suivant la forme et les dimensions du terrain.

Camps.

571. Les camps sont des terrains sur lesquels ont été montées des baraques ou des tentes. Toutes les prescriptions concernant les cantonnements s'appliquent aux camps.

SERVICE DANS LES CANTONNEMENTS, BIVOUACS ET CAMPS.

572. Les règlements sur le *Service de place* et le *Service intérieur* sont applicables dans les cantonnements, bivouacs et camps en tout ce qui n'est pas contraire aux prescriptions du présent règlement.

Aucun officier ou homme de troupe ne peut quitter le cantonnement sans autorisation.

La discipline, destinée à développer la cohésion de la troupe en vue du combat, ne doit pas se relâcher au cantonnement.

Les moyens matériels à employer pour la maintenir sont les suivants : exécuter, lors de toute prise d'armes, quelques mouvements d'ordre serré, veiller à ce que les corvées marchent en ordre, faire rendre très correctement les marques extérieures de respect, exiger une tenue très correcte des officiers et des hommes en dehors du local où ils sont cantonnés.

Commandement.

573. Dans tout lieu de stationnement, l'officier le plus élevé en grade prend le titre de **commandant du cantonnement, du bivouac ou du camp.** Il a les attributions d'un **commandant d'armes.**

574. Quand le commandant du cantonnement est officier général ou chef de corps, il désigne pour le seconder un **major de cantonnement.**

Un major de cantonnement permanent peut être désigné par l'autorité territoriale dans les localités où il y a lieu de prévoir de nombreux passages de troupes. Il reçoit de cette autorité des instructions spéciales dont il rend compte aux différents commandants de cantonnement sous les ordres desquels il se trouve successivement placé.

Cet officier tient l'état **des ressources du cantonne- ment** (officiers, hommes, chevaux). Il fait afficher sur cha- que local sa contenance.

Dans les localités susceptibles d'être bombardées, il fait, en outre, apposer à l'entrée des caves à l'abri des bombes d'avion ou des obus des indications sur leur contenance.

Service de jour.

575. En campagne, le service se règle par jour.

Dans chaque régiment, il est commandé un **bataillon de jour** et, dans ce bataillon, une **compagnie de jour.**

La compagnie de jour fournit la **garde de police,** les autres gardes et le **piquet.** En cas d'insuffisance d'effectifs pour assurer des services devant durer vingt-quatre heures, il est commandé une deuxième compagnie de jour. S'il ne s'agit que de services de courte durée, il est fait appel à la compagnie suivante de jour.

Le capitaine de jour préside aux distributions faites par l'officier d'approvisionnement ou par l'officier de détails. Il se fait seconder par les officiers de jour des compagnies.

576. Quand un bataillon cantonne ou bivouaque isolé- ment, il est commandé, dans ce bataillon, une compagnie de jour.

Les compagnies du bataillon, y compris la C. M., alternent entre elles pour ce service. Un lieutenant de la compagnie de jour remplit les fonctions de capitaine de jour.

Garde de police.

577. Les gardes de police assurent l'ordre dans les lieux de stationnement, y font observer les règles de police, sur- veillent les parcs, gardent les punis et les militaires arrêtés jusqu'à leur remise à leurs unités. Leur effectif est déterminé, d'après le nombre de sentinelles et de plantons reconnu nécessaire. Un clairon fait partie de chaque garde.

Les **patrouilles** sont prises, selon leur importance, dans la garde de police ou dans le piquet.

Chaque corps a une garde de police, cantonnée à proxi- mité du chef de corps. Chaque bataillon fait afficher dans le poste de police tous les renseignements utiles, tels que emplacements des bureaux, adresse des officiers, etc.

578. Lorsque plusieurs corps occupent la même localité, on installe un **poste central.** Il est placé au centre du cantonnement, souvent dans le même local que le bureau du major de cantonnement. Chaque corps y entretient un agent susceptible de renseigner les personnes qui se présentent et de les guider, au besoin, vers les unités ou services du régiment où elles doivent se rendre.

Piquet.

579. La fraction disponible de la compagnie de jour prend le nom de **piquet.** Elle est destinée à fournir les détachements et gardes qui peuvent être commandés extraordinairement. Elle doit toujours être tenue prête à marcher.

Hygiène et discipline.

580. Les officiers et sous-officiers veillent à la propreté et à la santé des hommes, à l'entretien des armes, des effets et de l'équipement.

Le séjour au cantonnement doit être utilisé pour mettre en parfait état les troupes et le matériel.

STATIONNEMENT SUR UNE POSITION ORGANISÉE AU CONTACT DE L'ENNEMI.

Reconnaissances.

581. Lorsqu'une troupe s'installe sur une position organisée au contact de l'ennemi, chaque chef d'unité fait, autant que possible de jour, la reconnaissance de la zone assignée à son unité. Les capitaines sont accompagnés du chef ou d'un gradé de chaque section; ceux-ci emmènent leur agent de transmission avec le capitaine et un guide qui sera chargé de conduire la section à la relève.

Chaque chef d'unité reçoit de celui qu'il doit relever toute la documentation (ordres, renseignements, cartes, etc.) relative à la défense, à l'organisation et aux travaux de la zone dont il a la charge. Il prend connaissance de la mission et des dispositions prises par son prédécesseur, soit de sa propre initiative, soit en application d'ordres émanant de l'autorité supérieure. Ces dernières ne doivent pas être changées sans ordres de l'autorité relevante qui lui correspond.

Chaque chef de section reconnaît les ouvrages et les abris affectés à sa section. Sa reconnaissance terminée, il envoie son agent de transmission au capitaine et son guide au devant de la compagnie pour qu'il amène directement sa section sur les emplacements qu'elle doit occuper.

Consignes.

582. Toute unité, tout groupement doit avoir un chef responsable présent et possédant par écrit, outre sa consigne de combat, tous les renseignements utiles. La consigne écrite sert, à l'occasion, de texte de référence et de memento. Elle doit, avant tout, être parfaitement connue du chef et de son suppléant désigné.

Relève.

583. La relève se fait de jour si la situation générale et la nature des communications le permettent; sinon, elle a lieu la nuit.

A l'arrivée de la troupe prenant le service, chaque unité de la troupe relevée fait prendre à tous ses éléments (guetteurs, postes avancés, etc.) leurs emplacements d'alerte. Leurs remplaçants les doublent. Les consignes sont passées; puis la troupe relevée quitte le secteur. On s'efforce d'organiser des itinéraires montants et des itinéraires descendants ne se croisant pas et n'ayant aucune partie commune, surtout si la circulation se fait dans des boyaux étroits.

Les officiers des unités relevées ne se retirent qu'après avoir complètement passé leur service et avoir reçu de leurs remplaçants l'assurance qu'ils n'ont plus besoin d'eux. Ceux-ci deviennent alors responsables et rendent compte à leur chef immédiat de la fin de la relève.

En cas d'attaque pendant la relève, le commandement est exercé par les chefs des unités relevées.

Certains d'entre eux, désignés par le commandement, restent, en outre, dans les unités relevantes pendant un laps de temps fixé, à titre d'informateurs (un officier par compagnie ou par état-major de bataillon et de régiment). En cas d'attaque, ils s'efforcent de faciliter la tâche des chefs qu'ils assistent, mais n'exercent pas de commandement.

Dans la troupe qui doit être relevée, les hommes se préparent avant l'heure fixée de manière à n'apporter aucun retard à la relève. Les gradés veillent à ce qu'il ne soit emporté que le matériel et l'armement appartenant en propre aux hommes ou à l'unité. On laisse sur place les grenades et les cartouches en excédent du chargement individuel réglementaire.

Les tranchées, les abris et les feuillées doivent être laissés dans le plus grand état de propreté.

Service de jour et de nuit.

584. Les différences entre le service de jour et le service de nuit doivent être fixées très nettement dans les consignes.

Le *quart* est fait, nuit et jour, comme il a été dit aux n°° 424 et 425.

Le chef de chaque unité est responsable du service dans la zone qui lui a été assignée. Il fait les rondes nécessaires, accompagné d'un ou deux hommes.

Les **patrouilles** sont des organes de sûreté et de reconnaissance, dont le fonctionnement a été indiqué aux n°° 318 à 325.

La troupe stationnant sur une position organisée s'adonne dans toute la mesure du possible aux soins d'hygiène et de propreté.

Alertes et prises d'armes.

585. Pour les troupes de l'échelon de sûreté, une prise d'armes quotidienne doit avoir lieu avant le jour ou au petit jour : on y fait l'appel du matin.

Pour toutes les troupes, des alertes, suivies effectivement de la prise du dispositif prévu, constituent un moyen d'affermir chacun dans la connaissance de son rôle. Elles doivent être assez fréquentes, surtout au début de l'occupation d'un secteur.

Des alertes aux gaz doivent aussi être prescrites.

Tenue.

586. Tout le monde doit porter le casque, avoir le masque au ceinturon et conserver son arme à portée de la main.

Dans chaque cas particulier, le chef qui prescrit une corvée de transport de matériel indique dans quelle mesure les travailleurs doivent être allégés de leurs armes ou de leur équipement et où ils doivent les laisser.

Les guetteurs ont l'arme approvisionnée à la main ou dans le bras. Ils ne conservent l'arme chargée que s'ils en ont reçu l'ordre.

Selon la situation tactique, il est fixé dans chaque fraction la proportion d'hommes qui peuvent se déséquiper momentanément pour se reposer.

Les chefs de section veillent à ce que les armes soient entretenues. On ne doit jamais les faire démonter toutes à la fois.

Comptes rendus.

587. Chaque chef d'unité ou de détachement adresse à son chef direct les comptes rendus périodiques qui lui sont prescrits. Tout événement important est, en outre, l'objet d'un compte rendu immédiat.

Ravitaillement.

588. La circulation des corvées de ravitaillement est réglée d'après les observations faites sur les tirs de harcèlement de l'ennemi. A l'heure prévue, les corvées d'ordinaire se rassemblent par section ou par compagnie et partent sous la conduite d'un gradé.

Elles emportent les matières récupérables, l'armement des tués et des blessés, et en général tout le matériel qui doit être remis au service régimentaire de l'approvisionnement pour être versé à l'officier de détails.

La distribution est faite soit au rendez-vous assigné aux cuisines roulantes, soit aux cuisines fixes qu'il est souvent possible d'installer à faible distance des lignes.

ANNEXE X.

RÈGLES DE SERVICE

CONCERNANT

LES POSTES ET LES ÉLÉMENTS DE SURETÉ.

589. Les règles qui suivent sont destinées à assurer d'une façon uniforme l'exécution du service dans toutes les circonstances de guerre où une unité ou fraction quelconque a reçu mission d'exercer une surveillance ou de faire respecter des consignes.

Il y a lieu de distinguer :

1° les règles applicables aux postes placés dans la zone arrière, en dehors du terrain de combat — postes ayant surtout des missions de police;

2° les règles applicables aux fractions des avant-postes qui ont pour principale mission la surveillance du côté de l'ennemi.

POSTES DE LA ZONE ARRIÈRE.

590. Les postes placés dans la zone arrière peuvent être chargés d'interdire l'approche de certains points importants (parcs, ouvrages d'art, usines, quartiers généraux, etc.), de surveiller les issues d'un cantonnement, de vérifier l'identité des isolés et des troupes qui se présentent pour passer, etc.

Le poste est installé le plus près possible du point où il peut avoir à agir. La durée du service est habituellement de vingt-quatre heures.

La surveillance est exercée par une ou plusieurs **sentinelles** détachées à proximité immédiate du poste, en tout cas, assez près de lui pour pouvoir l'alerter facilement. Elles reçoivent du chef de poste une **consigne particulière**.

591. La **consigne du poste** est donnée en se conformant aux ordres de l'autorité ayant prescrit l'établissement du poste. Elle est rédigée par écrit par le chef dont dépend directement le chef de poste et vérifiée par le chef de l'échelon supérieur.

Une consigne complète comprend les points suivants :

1° Composition du poste;

2° Mission;

3° Emplacement du poste; emplacements et **consignes particulières des sentinelles** pendant le jour;

4° Modifications à apporter la nuit, s'il y a lieu;

5° Conduite à tenir en cas d'alerte.

Une partie des indications qui précèdent peut être avantageusement exprimée par des croquis.

Les consignes doivent être rédigées brièvement et s'abstenir de prescriptions d'ordre général. *Elles sont mises à jour dès qu'une modification y est apportée, de telle sorte que le service puisse être passé à tout moment avec exactitude par simple transmission de la consigne écrite.*

Les consignes particulières des sentinelles doivent être assez simples et claires pour pouvoir leur être données verbalement sans qu'il en résulte aucune ambiguïté. En général, elles précisent la conduite à tenir dans les deux ou trois cas les plus probables et prescrivent, en toute autre éventualité, d'appeler le chef de poste.

Manière d'arrêter et de reconnaitre.

592. Pour arrêter quelqu'un qui s'approche, les sentinelles crient : HALTE-LA !

Si la ou les personnes interpellées ne s'arrêtent pas, les sentinelles répètent une deuxième fois le cri de HALTE-LA !

Si l'on n'obéit pas à leur deuxième injonction, elles crient : HALTE-LA OÙ JE FAIS FEU !

Si la ou les personnes interpellées continuent à approcher, les sentinelles tirent ou font usage de leur baïonnette dans les conditions prescrites par leur consigne particulière. Elles s'appliquent à conserver leur sang-froid et à éviter les méprises. Elles font toujours usage de leurs armes si leur sécurité personnelle est menacée.

Si la personne à reconnaître est à cheval, à bicyclette ou en voiture, les sentinelles lui laissent le temps matériel de s'arrêter avant de faire la deuxième et la troisième sommation.

Si la personne est en voiture, les sentinelles confirment leur cri de ᴴᴬᴸᵀᴱ-ᴸᴬ! en faisant avec le bras un signal d'arrêt; la nuit elles balancent une lanterne, si le commandement estime que leur situation par rapport à l'ennemi permet de les en doter.

Lorsque la ou les personnes interpellées sont arrêtées, la sentinelle crie : ǫᴜɪ ᴠɪᴠᴇ? en restant en garde.

Selon la réponse faite, la sentinelle juge si, d'après sa consigne particulière, elle a ou n'a pas qualité pour reconnaître et laisser passer elle-même.

Dans le premier cas, elle crie : ᴬᵛᴬᴺᶜᴱ ᴬ ᴸ'ᴼᴿᴰᴿᴱ! Une seule personne doit s'avancer. La sentinelle la reconnaît et la laisse passer, s'il y a lieu, ainsi que ceux qui l'accompagnent.

Dans le second cas et, en outre, *chaque fois qu'elle a le moindre doute sur la conduite à tenir*, la sentinelle appelle le chef de poste.

Celui-ci fait avancer à l'ordre de la même manière et prend la décision de laisser passer ou d'en référer préalablement à son chef, auprès duquel il peut faire conduire la personne arrêtée.

593. Pour reconnaître, la sentinelle ou le chef de poste exigent d'abord les mots ou signaux convenus. *Ils peuvent en outre poser toute question utile pour confirmer l'identité de la personne arrêtée ou pour s'assurer, le cas échéant, que celle-ci a une raison valable de ne pas connaître les mots et signaux.* Quel que soit son grade, la personne arrêtée doit répondre aux questions posées.

594. Pour donner l'alerte, la sentinelle ou le chef de poste crient : ᴬᵁˣ ᴬᴿᴹᴱˢ! Le poste prend la formation prévue à l'emplacement indiqué par sa consigne.

L'alerte est donnée lorsque la présence ou l'attitude des personnes qui s'approchent est suspecte ou lorsqu'elles n'obéissent pas immédiatement aux injonctions de la sentinelle ou du chef de poste.

Mots et signaux.

595. Selon la situation et le rôle de la troupe, les mots et les signaux de reconnaissance sont donnés pour l'ensemble d'une grande unité et pour un temps déterminé (habituellement vingt-quatre heures) ou simplement convenus dans une petite unité.

L'indication de mots donnés d'avance, en série, pour une longue période, est à éviter par crainte des indiscrétions.

Patrouilles de police.

596. Les **patrouilles de police** sont de petits détachements mobiles destinés à compléter l'action des postes. Le chef de patrouille reçoit sa mission dans les mêmes conditions qu'un chef de poste.

Elles circulent surtout dans la première partie de la nuit pour faire rentrer les hommes attardés, faire éteindre les lumières apparentes et faire régner l'ordre dans le cantonnement.

RÈGLES PARTICULIÈRES S'APPLIQUANT AUX AVANTS-POSTES.

597. Les éléments de surveillance faisant partie du service de sûreté en station poursuivent leur mission dans des conditions qui excluent la relève quotidienne, telle qu'elle est pratiquée pour les postes de l'arrière. Il y a avantage à maintenir assez longtemps les mêmes fractions dans la même mission et sur le même terrain, tout en évitant d'arriver à la limite de leur usure matérielle et morale.

598. Les **guetteurs** (toujours doublés la nuit) surveillent de l'emplacement d'attente du groupe de combat ou de l'emplacement de combat qu'il occuperait en cas d'alerte.

Ils interdisent aux isolés de les dépasser dans la direction de l'ennemi pour quelque motif que ce soit.

Aucun élément ne doit sortir des lignes sans que son passage ait été annoncé et sans que les conditions dans lesquelles il pourra rentrer aient été prévues.

Lorsqu'ils aperçoivent quelqu'un ou entendent à proximité d'eux un bruit suspect, les guetteurs tiennent la conduite prescrite par leur **consigne particulière :** tantôt ils doivent faire uniquement usage de signaux et tirer s'il ne leur est pas répondu; tantôt ils doivent interpeller de la manière prescrite plus haut pour les sentinelles des postes de l'arrière. Ils font feu immédiatement si leur sécurité personnelle est menacée.

599. Les mots et les signaux convenus dans une petite unité pour servir au cours d'une opération ou d'un déplacement prévus sont communiqués aux unités voisines, en spécifiant pour combien de temps ils sont valables.

Déserteurs.

600. Les déserteurs ne sont accueillis que s'ils s'approchent des lignes désarmés et successivement. Des soldats ennemis en groupe, même s'ils n'ont pas d'armes apparentes, doivent toujours être tenus pour suspects et dispersés par le feu, s'ils n'obéissent pas à l'injonction qui leur est faite de s'approcher un par un.

Les déserteurs sont sommairement interrogés au poste de commandement du chef de bataillon ou du colonel sur les points pouvant intéresser directement et immédiatement la sécurité de l'unité. Ils reçoivent ensuite sans délai la destination prévue par les ordres.

Parlementaires.

601. Les parlementaires qualifiés sont annoncés d'avance au commandement par des communications radiotélégraphiques de l'ennemi. Des ordres concernant leur réception sont donnés en temps utile aux troupes de service placées sur l'itinéraire qu'ils doivent suivre.

Aucun parlementaire non annoncé ne doit être reçu.

Surveillance du service.

602. Chaque chef est responsable de la ponctualité avec laquelle le service s'exécute dans son unité. Il est contrôlé par ses chefs directs. Les vérifications portent principalement sur la vigilance des sentinelles et sur l'exacte connaissance des consignes.

ANNEXE XI.

RAVITAILLEMENT EN VIVRES, EN MUNITIONS ET EN MATÉRIEL.

RAVITAILLEMENT EN VIVRES.

Action du commandement.

603. Le commandement fixe les procédés d'alimentation et de ravitaillement à employer.

En cas de force majeure, tout chef de corps ou de détachement a le devoir de prescrire, de sa propre initiative, les mesures nécessaires pour assurer, en temps utile, la nourriture de sa troupe.

Personnel chargé du ravitaillement.

604. Dans chaque corps de troupe, un officier d'approvisionnement est chargé d'assurer directement les distributions journalières aux unités ou parties prenantes de ce corps de troupe. Cet officier contribue, le cas échéant et sur l'ordre du commandement, à l'exploitation des ressources locales.

Le train régimentaire est commandé par l'officier d'approvisionnement et comprend trois sections : deux sections assurent alternativement le ravitaillement du train régimentaire et la distribution aux unités d'un jour de vivres; la troisième section transporte la réserve de vivres. Il comprend en outre des voitures pour le transport de l'avoine et du fourrage.

Vivres des différentes catégories.

605. Les approvisionnements portés par les troupes ou les suivant à proximité immédiate comprennent :

— les vivres de réserve;
— les vivres des trains régimentaires.

606. Les **vivres de réserve** sont portés, en partie sur les hommes, en partie sur les voitures marchant immédiatement derrière les troupes. Ils sont destinés à être consommés par demi-journées et par nature de denrées sur l'ordre du chef de corps ou de détachement, lorsque tout autre mode d'alimentation est impossible. Ils doivent être remplacés dans le plus bref délai.

607. Les **trains régimentaires** assurent, en principe, chaque jour, la distribution des vivres aux hommes et aux chevaux. Ils sont renforcés au besoin par des voitures supplémentaires dans les conditions fixées par le Commandement.

On distingue :

Les **vivres du ravitaillement quotidien** (pain, petits vivres, lard, vin et avoine) qui sont expédiés chaque jour sans demande préalable;

Les **vivres du ravitaillement éventuel** (pain de guerre, légumes, conserves de viande, potage salé, eau-de-vie, foin pressé) qui font l'objet de demandes spéciales.

Les trains régimentaires se recomplètent eux-mêmes aux **gares de ravitaillement** ou auprès d'unités de transport **(convoi divisionnaire,** etc.) chargés d'apporter les vivres en un point déterminé.

La viande leur est distribuée dans les **centres de livraison** par les voitures automobiles spécialement affectées au ravitaillement en viande fraîche (R. V. F.).

608. Outre ces vivres gratuits, les compagnies achètent des denrées à l'aide de la **prime d'alimentation,** soit dans le pays, soit à l'intendance par l'intermédiaire de l'officier d'approvisionnement **(vivres remboursables),** soit aux coopératives.

Les **coopératives** sont organisées par division et ont des succursales dans chaque corps.

Tarif des rations.

609. Le tarif des différentes rations et le tarif des substitutions sont fixés par le commandement.

Quand on vit sur le pays, tout chef de corps ou de détachement a qualité pour prescrire des substitutions.

Distributions.

610. Les vivres destinés à être consommés quotidiennement sont dits **vivres du jour.**

Ils sont distribués chaque jour pour toute la journée du lendemain.

Le combustible, les fourrages et les liquides autres que l'eau-de-vie sont, lorsqu'il est possible, achetés ou réquisitionnés sur place par les officiers d'approvisionnement.

Si les trains régimentaires ne peuvent assurer les distributions en temps opportun, les ressources locales sont d'abord exploitées pour fournir, autant que possible, aux troupes les vivres du jour. A défaut, tout chef de corps ou de détachement assure l'alimentation en ordonnant d'opérer sur les vivres de réserve le prélèvement strictement indispensable. Il en rend compte.

611. Le commandement peut faire nourrir les hommes et les chevaux chez l'habitant; ce procédé s'utilise surtout en pays ennemi ou pour les isolés et les petits détachements.

Au lieu de faire nourrir les troupes directement par l'habitant, le commandement peut charger les municipalités de faire assurer les repas.

Ces prestations sont réglées comme les autres réquisitions.

Troupes à proximité de l'ennemi.

612. Lorsqu'une troupe est sur le point d'être engagée dans une action offensive, les hommes reçoivent au départ tous les vivres qu'ils peuvent porter, en particulier de l'eau.

En période de stabilisation, les cuisines roulantes sont installées le plus près possible des troupes. Les voitures à eau sont poussées, chaque jour, le plus en avant possible. Lorsque la situation ne permet pas d'allumer du feu, il est distribué de l'alcool solidifié pour faire réchauffer les aliments.

Il est constitué en outre des dépôts de vivres de conserve et d'eau dans tous les organes de résistance que leur mission peut amener à combattre pendant plusieurs jours sans recevoir de ravitaillement régulier.

RAVITAILLEMENT EN MUNITIONS ET EN MATÉRIEL.

613. Les corps de troupe sont ravitaillés en munitions et en matériel par des organes spéciaux.

Munitions.

614. La dotation réglementaire des régiments est constamment recomplétée par la **section de munitions d'infanterie (S. M. I.)** de la division. Les voitures vides du train de combat de chaque régiment se portent à cet effet au point fixé par le commandement.

Au cours des opérations actives, la S. M. I. détache un agent de liaison (sous-officier ou brigadier) auprès du colonel de chaque régiment. Cet agent de liaison, après avoir pris les ordres du colonel, amène, à l'endroit fixé par ce dernier les munitions demandées.

Les munitions sont déchargées ou transbordées dans les voitures ou voiturettes du régiment. L'agent de liaison de la S. M. I. reconduit à celle-ci les voitures vides et ramène d'autres voitures pleines, s'il lui en est demandé.

615. En période de stabilisation, il est constitué par les soins de la division des **dépôts de secteur** où les corps vont se ravitailler par leurs propres moyens.

Les sections de munitions et les dépôts de secteur sont alimentés eux-mêmes par les parcs d'artillerie de corps d'armée et d'armée.

616. Les procédés à employer pour faire distribuer aux unités engagées les munitions du régiment ont été indiqués aux chapitres III, IV, V et VII du titre II.

Matériel.

617. L'armement est fourni aux corps par **l'atelier d'armes du parc d'artillerie divisionnaire.**

Le matériel pour l'organisation du terrain provient du **parc du génie de la division** qui constitue éventuellement des **dépôts de matériel.**

Les bicyclettes sont délivrées par les **parcs automobiles.**

Le matériel contre les gaz et le matériel de camouflage sont fournis par des organes spéciaux rattachés aux parcs d'artillerie ou du génie.

Les effets d'habillement viennent des entrepôts d'effets constitués à l'arrière par le service de l'Intendance. En période de stabilisation, il peut être installé des **Magasins d'habillement d'armée** pour satisfaire aux besoins urgents.

618. Tant pour les munitions que pour le matériel, les corps de troupe peuvent s'adresser directement, en cas d'urgence, à l'organe de ravitaillement le plus voisin.

ANNEXE XII.

ALPHABET MORSE
ET SIGNAUX CONVENTIONNELS.

ALPHABET.

a	m	
b	n	
c	o	
ch	p	
ç	q	
d	r	
e	s	
é	t	
f	u	
g	v	
h	w	
i	x	
j	y	
k	z	
l		

CHIFFRES.

1	6	
2	7	
3	8	
4	9	
5	0	

SIGNAUX DE SERVICE.

Invitation à transmettre	BR	
Fin de transmission	AR	
Compris ou message reçu	SN	
Attente	AS	
Répétez (?)	UD	
Séparation	BT	

SIGNAUX CONVENTIONNELS (1).

Demande de tir d'arrêt.......	O ▬▬▬ ▬▬▬
Demande de tir de préparation d'attaque.............	ND ▬·▬··
Nous allons progresser, allongez le tir.............	H ▬··· ▬··· ▬···
Sommes prêts à attaquer....	I ▬·
Ne serons pas prêts à attaquer à l'heure fixée........	GW ▬▬·▬·
L'artillerie légère amie tire sur nous.............	S ▬·· ▬·· ▬··
L'artillerie lourde amie tire sur nous.............	V ▬·· ▬·
Objectif atteint.............	QT ▬▬·▬·
Envoyez ravitaillement en cartouches.............	Y ▬·▬▬
Envoyez ravitaillement en grenades.............	Q

---

(1). Ces signaux, indiqués ici en vue des exercices de combat, seraient changés en temps de guerre.

CHARLES-LAVAUZELLE ET Cie. — PARIS, LIMOGES, NANCY.

Librairie militaire CHARLES LAVAUZELLE & Cie
PARIS — LIMOGES — NANCY

www.ingramcontent.com/pod-product-compliance
Ingram Content Group UK Ltd.
Pitfield, Milton Keynes, MK11 3LW, UK
UKHW022036170726
13837UKWH00002B/637